Schriften
des
Vereins für Sozialpolitik.

---

174. Band.
Finanzwissenschaftliche Untersuchungen.
Herausgegeben von Walther Lotz.

Zweiter Teil:

Finanzsteuern, Zwecksteuern und Zweckzuwendung von Steuererträgen.

Eine finanztheoretische und finanzpolitische Studie
von
Karl Bräuer.

Verlag von Duncker & Humblot.
München und Leipzig 1928.

Finanzsteuern, Zwecksteuern und Zweckzuwendung von Steuererträgen.

Eine finanztheoretische und finanzpolitische Studie

von

Karl Bräuer

Verlag von Duncker & Humblot.
München und Leipzig 1928.

Alle Rechte vorbehalten.

Piersche Hofbuchdruckerei Stephan Geibel & Co., Altenburg, Thür.

Vorwort.

Die nachstehenden Untersuchungen sind unter recht ungünstigen Bedingungen zustande gekommen und sie gelangen erst mit einer erheblichen Verspätung zum Druck. Den Anlaß, zu den hier behandelten Fragen Stellung zu nehmen, bot eine Aussprache im Finanzwissenschaftlichen Unterausschuß des Vereins für Sozialpolitik im Herbst 1925 in Jena. Im Anschluß an gewisse Vorgänge, die sich bei der Verteilung des sogenannten „Weinsteuer-Drittels" abgespielt hatten, wurde im Unterausschuß der Antrag gestellt, die finanztheoretischen und finanzpolitischen Grundlagen der Zweckbindung von Steuererträgen zum Gegenstand der Verhandlungen des Vereins für Sozialpolitik zu machen. Nur ungern habe ich mich damals entschlossen, dieses — mir erst in vorgerückter Stunde angebotene — Referat zu übernehmen, setzte doch seine Bewältigung eine überaus mühselige Kleinarbeit auf einem meinen gegenwärtigen Studien ferner gelegenen Gebiet voraus.

Als ich im September 1926 auf der Tagung des Vereins in Wien im Finanzwissenschaftlichen Unterausschuß das Referat erstattete, hatte ich selbst die deutliche Empfindung, daß es zur Veröffentlichung noch nicht reif sei. Zwar standen schon damals im großen und ganzen die Grundlinien fest, aber es waren erst die vorläufigen Ergebnisse gewonnen; für eine eingehende Begründung und eine plastische Herausarbeitung der theoretischen Probleme war noch die Hauptarbeit zu leisten. Unaufschiebbare ältere literarische Verpflichtungen machten es mir unmöglich, mich diesen Untersuchungen mit der erforderlichen Hingebung zu widmen, und daraus erklärt sich die bedauerliche Verspätung, mit der die vorliegende Veröffentlichung erscheint. Die inzwischen verflossene Zeit von einenhalb Jahren ist indessen, wie ich glaube, diesen Studien außerordentlich zugute gekommen; neuere Veröffentlichungen über das gleiche Gebiet haben die Problemstellung angeregt und zu abermaliger gründlicher Durcharbeitung des gesamten Materials Veranlassung geboten.

Ich gestehe, daß ich manche Zweifel zu überwinden hatte, ob es sich denn wirklich verlohnt, sich durch dieses förmliche Gestrüpp durchzuwinden und die gesamte in- und ausländische Steuergesetzgebung nach solchem Kleinkram abzutasten. Diese Zweifel sind gewiß begreiflich in einer Zeit, wo ein wahres Meer ungelöster Fragen die Finanzwissenschaft erfüllt und jeder, der sich ernsthaft mit diesem Gebiete beschäftigt, oft nicht mehr weiß, wohin er sich vor Problemen und Problemkomplexen retten soll. Erst bei tieferem Versenken in den Gegenstand, bei dem Ringen um die theoretische Formgebung erkannte ich, daß hinter diesem „Kleinkram" doch Probleme von hoher Bedeutung verborgen sind, die teilweise weit über das Gebiet der Steuerlehre und Finanzpolitik hinausgreifen und in wichtige staatspolitische Betrachtungen ausmünden.

Für freundliche Unterstützung bei der Materialbeschaffung habe ich Fräulein Dipl.-Volkswirt Luise Scheffel, ganz besonders aber Herrn Dr. Eduard Gretener, Bern, herzlich zu danken.

Breslau, den 1. Mai 1928.

Karl Bräuer.

Inhaltsverzeichnis.

	Seite
Vorwort	V
I. Finanzsteuern und Zwecksteuern	2—19
A. Die Finanzzwecksteuern (Finanzsteuern)	7
B. Die Zwecksteuern anderer Art (Zwecksteuern i. e. S.)	7
1. Die reinen Zwecksteuern	9
2. Die „eingebauten" Zwecksteuern	12
II. Die Zweckzuwendung von Steuererträgen	19—64
A. Die Zweckzuwendungen im öffentlichen Haushalt überhaupt	20
(Dotationen, Subventionen an öffentliche oder private Wirtschaften)	20
B. Die Zweckzuwendung von Steuererträgen insbesondere	25
a) Die Zweckzuwendung des Gesamtertrages	26
b) Die zweckgebundenen Zuschläge	28
c) Die Zweckzuwendung von Ertragsteilen	29
d) Die Zweckzuwendung von Ertragsteilen in absoluten oder relativen Zahlen	31
C. Die Verbreitung der Zweckzuwendung von Steuererträgen in den einzelnen Ländern	33
a) Deutsches Reich	33
b) Deutsch-Österreich	35
c) Frankreich	36
d) Die Schweiz	37
e) Sowjetrußland	37
f) Übrige Länder	38
D. Die Zweckzuwendung bei den einzelnen Steuerformen	38
1. Die Kraftfahrzeugsteuer	39
2. Die Getränkesteuern	43
3. Die Rennwettsteuer	45
4. Die Wohnungsabgaben (insbesondere die „Hauszinssteuer")	46
5. Die Wasserkraftsteuer	48
E. Die Sicherung des Verwendungszweckes	50
F. Die Beurteilung der Zweckzuwendung von Steuererträgen	57
a) Das direkte Verfahren	57
b) Das indirekte Verfahren	61

Inhaltsverzeichnis.

	Seite
Anlagen	65—84
Vorbemerkungen	67
I. Die Zweckzuwendungen in der Reichssteuergesetzgebung und im Reichshaushaltplan von 1918—1926	68
1. Branntweinmonopol	68
2. Biersteuer	70
3. Tabaksteuer	71
4. Weinsteuer	71
5. Zölle	72
6. Geldentwertungsausgleich bei bebauten Grundstücken (Hauszinssteuer)	73
II. Beispiele für die Sicherung des Verwendungszwecks	73
1. Das schweizerische Alkoholzehntel	73
A. Gesetzliche Grundlagen	73
B. Bericht des Kantons Zürich über die Verwendung des Alkoholzehntels für 1924	74
2. Das „Weinsteuer-Drittel"	78
3. Die „preußische Hauszinssteuer"	80

Finanzsteuern, Zwecksteuern und Zweckzuwendung von Steuererträgen.
Eine finanztheoretische und finanzpolitische Untersuchung.

Mit der Frage des Zwecks der Besteuerung beschäftigt sich eine umfangreiche Literatur, die hauptsächlich anknüpft an die von Adolph Wagner 1879 aufgeworfene Problemstellung. Hatte man bis dahin in der Deckung des Finanzbedarfs den einzigen, den eigentlichen Zweck jeder Steuer gesehen, so versucht es Wagner, als einen dem Finanzzweck ebenbürtigen Zweck der Steuer hinzustellen, regulierend in die Verteilung des Volksvermögens und Volkseinkommens einzugreifen. Diese Ideen haben die Vertreter der Finanzwissenschaft in zwei Lager gespalten:

a) in eine Partei, die sich schärfstens wehrte gegen eine solche sozialpolitische Fundamentierung der Steuerlehre und die nach wie vor den Steuerzweck lediglich auf dem Gebiete der Deckung eines öffentlichen Bedarfes finden will, und

b) eine zweite, allerdings erheblich schwächere Gruppe, die einer weiteren Ausdehnung der Ideen von Adolph Wagner den Boden vorbereiten wollte.

Wieweit diese Grundsätze von Adolph Wagner als Fundamente der Steuerlehre anerkannt worden sind, sei hier nicht weiter erörtert[1]. Nur so viel möge erwähnt werden, daß der von Adolph Wagner ausgestreute Samen in der modernen Steuergesetzgebung des In- und Auslandes — namentlich in der Ausbildung und Verfeinerung der Einkommensteuer, aber auch bei allen übrigen Steuern auf Einkommen und Vermögen — tiefe Wurzeln geschlagen hat. Allerdings sind auch in der Nachkriegszeit die schweren Gefahren einer Verallgemeinerung dieser Grundsätze hervorgetreten, wonach die Steuergesetzgebung regulierend in die Verteilung der Vermögen und Einkommen

---

[1] Genaueres hierüber bei Dora Schmidt, Nichtfiskalische Zwecke der Besteuerung. Tübingen 1927, und W. Lotz, Fiskus als Wohltäter. Betrachtungen über Nebenzwecke der Besteuerung (Volkswirtschaftliche Zeitfragen, Heft 219). Berlin 1906.

einzugreifen habe. Die deutsche Kriegsgewinnsteuer von 1919, die eine radikale Wegsteuerung jedes Vermögenszuwachses über eine gewisse Grenze hinaus erstrebte, die in ungemessene Höhen gesteigerten Tarife des Reichsnotopfers, der Einkommensteuer und namentlich der Erbschaftsteuer sind die Wirkungen einer ausgesprochen besitzfeindlichen Steuerpolitik. Diese wählte als Ausgangspunkt eine Veränderung der Besitzverteilung, und sie hat in Zeiten einer ohnedies erheblich gesunkenen Steuermoral zu einer geradezu ungehemmten, organisierten Kapital- und Steuerflucht geführt.

Wer sich Rechenschaft geben will über die Formen, in denen der Zweckgedanke in der praktischen Steuerpolitik verwirklicht worden ist, wer die Lehre vom sogenannten Nebenzweck der Besteuerung genauer prüft, wird sehr bald erkennen, daß er sich auf einem schwankenden Boden befindet. Verschwommene Begriffe ohne theoretischen Unterbau, bunt durcheinander laufende Fäden, das Fehlen jeder Systematik und eine Verknüpfung äußerlich ähnlicher, aber innerlich wesensfremder Erscheinungen bieten sich demjenigen, der sich mit dem Bedürfnis nach theoretischer Klarheit diesem Gebiete nähert. Eine bemerkenswerte Studie über diese und ähnliche Zusammenhänge bietet Dora Schmidt in ihrer erwähnten anregenden Schrift. Trotz zahlreicher richtiger Einzelbeobachtungen halte ich jedoch die Ergebnisse dieser theoretischen Untersuchungen, wie ich noch ausführen werde, für verfehlt. Das gilt namentlich auch von dem Versuch der Verfasserin, durch eine neue Terminologie und eine andere Systematik in diese verworrenen Dinge Licht zu bringen. Auch die auf diese Schrift aufgebaute Abhandlung von A. Lampe, Die wirtschaftlichen Voraussetzungen der nichtfiskalischen Steuergestaltung, insbesondere der Steuervergünstigung (Festgabe für Georg Schanz zum 75. Geburtstag 12. März 1928), Tübingen 1928, Bd. I, S. 172ff., hat die im folgenden behandelten Zusammenhänge nicht erkannt.

I. Finanzsteuern und Zwecksteuern.

Ich finde zunächst als Ausgangspunkt für die bestehende Verwirrung die Tatsache, daß man nicht zu scheiden versteht zwischen dem inneren Wesen einer Steuer und den Methoden, ihren Ertrag zu verwenden. Beide Dinge haben an sich nichts miteinander gemein, was jedoch nicht ausschließt, daß sie uns bei manchen Steuerformen häufig genug in einer äußerlichen Verbindung begegnen. Beide

I. Finanzsteuern und Zwecksteuern.

gehören jedoch im Grunde verschiedenen Teilgebieten der Finanzwissenschaft an. Das innere Wesen einer Steuerform, das von ihr erstrebte Ziel, ihr eigentlicher Charakter findet ihren Ausdruck in den Elementen ihres Aufbaus, in der Struktur, in ihrem Einfluß auf die Handlungen der Steuerzahler. Die Darstellung dieser Fragen gehört in das Gebiet der Steuerlehre und der Steuerpolitik, in die Lehre vom Wesen und Zweck der Steuer, von den Grundsätzen der steuerlichen Belastung, in die Lehre von den Steuerformen, vom Steuertarif usw. Mit anderen Worten: alle diese Probleme sind ein organischer Bestandteil der Steuerlehre.

Sobald man jedoch die Frage diskutiert, in welcher Weise der Ertrag einer Steuer verwendet werden soll, tritt man aus dem Rahmen der Steuerlehre heraus und begibt sich auf ein anderes Teilgebiet der Finanzwissenschaft. Die Verwendung des Steuerertrages und alle damit zusammenhängenden Fragen bilden einen Problemkreis, der in die Lehre vom öffentlichen Haushalt und in die neuerdings in erfreulicher Weise vertiefte Lehre von den öffentlichen Ausgaben[2], von der Verwendung der öffentlichen Einkünfte zur Bedarfsdeckung gehört. Ob der Steuertrag in die allgemeine Finanzkasse fließt oder einem Sonderfonds überwiesen wird, oder ob die Verwendung zu einem im Steuergesetz oder in einem sonstigen Gesetz genannten, ganz bestimmten Zwecke stattfindet, ist ein Vorgang, der das innere Wesen einer Steuer, ihren Charakter, ihren Aufbau nicht berührt. Die Erörterung dieser Grundsätze ist ein wichtiger Bestandteil der Lehre von der Verwendung öffentlicher Einkünfte. Das ergibt sich schon daraus, daß die Verwendung zu einem gesetzlich vorgeschriebenen Zweck sich nicht nur auf Steuereingänge, sondern auch auf eine ganze Reihe anderer öffentlicher Einkünfte des Gemeinwesens erstrecken kann (Dotationen, Subventionen, Überweisungen, Anleihen).

Auf dieser folgerichtig durchgeführten Scheidung zwischen dem inneren Wesen einer Steuer und der Art der Verwendung ihres Ertrages beruht nun die gesamte folgende Darstellung. Erst die Erkenntnis, daß beide Dinge nicht in einer Ebene liegen, sondern verschiedenartigen Teilgebieten der Finanzwissenschaft angehören, vermag in die reichlich verworren erscheinenden Vorgänge Licht und Klarheit zu bringen. Allerdings sind nicht geringe termino-

---

[2] Namentlich durch Gerhard Colm, Volkswirtschaftliche Theorie der Staatsausgaben. Ein Beitrag zur Finanztheorie. Tübingen 1927.

logische Schwierigkeiten zu überwinden, ehe man zu einer einwand=
freien Abgrenzung und einer klaren Systematik vordringen kann.

Die Schwierigkeit beginnt schon bei der Herausarbeitung des Steuer=
begriffes. Gerloff (Handb. d. Fin. I 437) vertritt — übereinstimmend
mit einer Reihe von anderen Vertretern der Finanzwissenschaft —
den Standpunkt, daß die Besteuerung lediglich „zum Zweck der Finanz=
bedarfsdeckung" erfolge.

Er führt aus, daß bei einer Steuer der Nebenzweck zum Hauptzweck
werden könne, in welchem Falle eine eigentliche, echte Steuer gar nicht
mehr vorhanden sei, sondern eine Scheinsteuer vorliege. Diese allgemein
verbreitete, eine Zeitlang auch von mir selbst vertretene begriffliche
Festlegung versperrt aber geradezu den Einblick in die Wesenseigen=
tümlichkeit der Steuer überhaupt. Die Zwecksteuern sind vorhanden,
sie finden sich in reiner oder abgeschwächter Form in zahlreichen
Steuerverfassungen der Vergangenheit und Gegenwart, sie müssen
daher auch erklärt werden. Ein tieferes Versenken in diese Zusammen=
hänge führt sogar zur Erkenntnis, daß der Zweckgedanke in den
Steuerformen und Steuersystemen der Gegenwart eine Rolle von zu=
nehmender Bedeutung spielt. Die Arbeiten von Elsa Pfau, Dora
Schmidt und im Anschluß an letztere die Untersuchung von Lampe
liefern dafür einen deutlichen Beweis. Es geht einfach nicht — darin
stimme ich mit Lampe (S. 173) gegen Gerloff überein —, das ganze
wichtige Gebiet der „nichtfiskalischen Steuerpolitik" durch eine zu enge
Fassung des Steuerbegriffes aus der gesamten Steuerlehre aus=
zuschließen.

Mit vollem Recht hat daher auch Dora Schmidt (S. 23ff.) den
Versuch unternommen, den Steuerzweck aus der Steuerdefinition aus=
zuschalten, worauf jedoch hier nicht näher eingegangen werden kann.
Wenn ich auch den Ausführungen dieser Verfasserin in manchen
Punkten weitgehend zustimmen kann, so trennen mich von ihr gerade
wieder die systematischen und terminologischen Grundlagen ihrer
Arbeit. Sie unterscheidet zunächst zwischen „fiskalischen" und nicht=
fiskalischen" Steuern (S. 25): Unter fiskalischen oder Finanzsteuern
versteht sie „ausschließlich oder hauptsächlich zu Zwecken der Mittel=
beschaffung erhobene Steuern". Eine Unterabteilung dieser fiskalischen
Steuern sind bei ihr die Zwecksteuern, die dann vorliegen, wenn
die „Erträge fiskalischer Steuern für eine bestimmte Verwaltungs=
aufgabe rechtlich gebunden sind". Unter den „nichtfiskalischen

Steuern versteht sie nun solche, „die ausschließlich oder hauptsächlich zu anderen als zu Zwecken der Mittelbeschaffung erhoben werden". Ich stelle zunächst fest, daß auch von ihr — wie überall — die Verwendung des Ertrages als durchschlagendes Begriffsmerkmal benutzt wird, um die „Zwecksteuer" von den übrigen Kategorien abzugrenzen. Die ganze Darstellung der Verfasserin zeigt, daß die Begriffe „Zwecksteuer" (als Sonderfall der fiskalischen Steuer) und „nichtfiskalische Steuer" innerlich widerspruchsvoll, geradezu verschwommen sind und dauernd ineinander übergehen.

Auch Th. v. Pistorius[3] äußert — allerdings aus ganz anderen Gründen — gegenüber dieser Terminologie sein Bedenken. Er wendet sich dagegen, daß „ohne zwingende Not von der herkömmlichen wissenschaftlichen Terminologie abgewichen wird" und schlägt vor, statt des mißverständlichen Ausdrucks der fiskalischen Steuer („das, was man sonst die Finanzsteuer oder die reine Finanzsteuer nennt") zu unterscheiden zwischen

1. reinen Steuern oder Finanzsteuern,
2. Rücksichtssteuern (im Anschluß an Friedrichs, 1925) und
3. Zwecksteuern.

Soweit ich sehe, ist aber gerade der Begriff der „Finanzsteuer" von Dora Schmidt selbst geschaffen als Parallele zur Terminologie des Zollwesens (Schmidt, S. 7) und auch auf die von Pistorius empfohlene Bezeichnung „Rücksichtssteuern" (im Anschluß an Friedrichs, 1925) als „Steuern, bei welchen andere Rücksichten als die Deckung des öffentlichen Bedarfs maßgebend sind, also Nebenzwecke mitwirken oder auch im Vordergrund stehen", dürfte meines Erachtens gerade das zutreffen, was Pistorius vermeiden will. Hier wird tatsächlich von Friedrichs ein neuer Ausdruck „ohne zwingende Not" eingeführt und von Pistorius aufgegriffen, der zudem eine hinreichend scharfe begriffliche Abgrenzung kaum ermöglicht. Eine deutliche Scheidung solcher „Rücksichtssteuern" von den an dritter Stelle genannten Zwecksteuern, „das heißt Steuern, welche zur Deckung nicht des öffentlichen Bedarfs im allgemeinen, sondern einzelner Zwecke bestimmt, somit von vornherein zweckgebunden sind", ist in vielen Fällen schwer, sogar unmöglich. Ist zum Beispiel eine Wohnungsluxussteuer, bei der man durch eine hohe Sondersteuer

---

[3] Th. v. Pistorius, Rücksichtsteuer und Zwecksteuer, in Zeitschrift für die ges. Staatsw. 83. Bd. (1927), S. 575 ff.

auf große Wohnungen in der Zeit der Wohnungsnot die Freimachung von Wohnräumen erstrebt, und deren Erträgnisse zur Herstellung neuer Wohnungen verwendet werden, eine Rücksichts- oder Zwecksteuer?

Ich finde nun, daß diese verworren erscheinenden Dinge durchaus greifbare, sogar einfache Gestalt annehmen, wenn man die aufzufindende Systematik und Begriffsbildung frei macht von allen nicht hierher gehörigen Bestandteilen. In der älteren Lehre vom Zweck der Besteuerung steckte ein durchaus richtiger Kern. Ihr Grundgedanke war ja der, daß der Hauptzweck der Steuern in der Erschließung des Finanzbedarfs bestehe, daß aber im Zusammenhang damit noch zahlreiche andere sogenannte Nebenzwecke verwirklicht werden könnten. Man kann dem vollständig zustimmen, ohne eine Notwendigkeit anzuerkennen, den Begriff des Steuerzweckes in die Steuerdefinition aufzunehmen. Die Frage nach dem Steuerzweck hat lediglich Sinn als Einteilungsprinzip, um die Gesamtheit aller Steuerformen nach diesem einen Gesichtspunkt — dem Steuerzweck — zu gruppieren[4]. Es ist dabei selbstverständlich, daß auch bei dieser — wie bei allen übrigen Gruppierungen — das gewählte Einteilungsprinzip im Wesen der betreffenden Steuern selbst gelegen sein muß. Aus diesen Gründen hat die außerhalb einer Steuer gelegene Art der Verwendung des Ertrages, ein rein haushalttechnischer, in die Lehre von den Ausgaben gehörige Vorgang hier auszuscheiden.

Unter diesen Gesichtspunkten gewinne ich in Beantwortung der Frage nach dem Steuerzweck und im Anschluß an die ältere Lehre die beiden Gruppen:

I. Finanzzwecksteuern und
II. Zwecksteuern anderer Art.

Damit ist zum Ausdruck gebracht, daß der Steuerzweck entweder bestehen kann einmal in der Erschließung von Einkünften für die Deckung eines Finanzbedarfs, und zweitens in der Verfolgung anderer, hiervon unabhängiger Ziele. Die Verwendung des Ertrages ist dabei völlig gleichgültig.

---

[4] Etwa wie man eine Gruppierung vornimmt nach der Erhebungstechnik (direkte, indirekte Steuern), nach der Art der Verteilung steuerlicher Lasten (Quotitäts-, Repetitionssteuern) oder nach irgendwelchen anderen Gesichtspunkten (einmalige, periodisch wiederkehrende Steuer) usw. Alle diese Einteilungsprinzipien gehören ebensowenig in die Definition der Steuer wie der Steuerzweck.

Wenn ich somit die Finanzzwecksteuern und die Zwecksteuern anderer Art einander gegenüberstelle und wenn ich diese beiden Gruppen völlig loslöse von der Verwendungsart ihres Steuerertrages, so bin ich mir bewußt, daß ich dabei in völligen Gegensatz trete zur herrschenden Lehre, namentlich auch zu den systematischen und begrifflichen Grundlagen der Arbeit von Dora Schmidt. Ein tiefgreifender Unterschied trennt mich hauptsächlich von dem herrschenden Begriff der Zwecksteuer, deren Kennzeichen ich darin sehe, daß der erstrebte Zweck im Aufbau, in der Gestalt, in den Wesenseigentümlichkeiten der betreffenden Steuerform selbst, nicht in der Verwendung des Ertrages gelegen ist. Die Erkenntnis der wahren Zusammenhänge ist jedoch dadurch erheblich erschwert, daß sowohl die Finanzzwecksteuern wie die Zwecksteuern anderer Art sich selten in reiner Form präsentieren, daß sie in der weitaus größten Mehrzahl aller Fälle uns als Mischformen begegnen. Beide durchdringen und verflechten sich in der gegenwärtigen Steuergesetzgebung so stark, daß die Erkenntnis des wahren Charakters einer Steuerform zuweilen erhebliche Schwierigkeiten bereitet. Um diesen Vorgang der gegenseitigen Durchdringung zu verstehen, ist es aber erforderlich, zunächst die beiden Steuerkategorien in voller Reinheit zu erkennen.

A. Die Finanzzwecksteuern (Finanzsteuern).

Überaus einfach liegen die Dinge bei der reinen Finanzzwecksteuer. Sie ist dadurch gekennzeichnet, daß sie nach ihrem Aufbau und ihrer gesamten Beschaffenheit andere Zwecke als die Deckung eines Finanzbedarfs nicht erkennen läßt. In welcher Weise ihr Ertrag Verwendung findet, ob er der allgemeinen Finanzkasse zugeführt, in einen besonderen Fonds geleitet oder ganz oder teilweise einem bestimmt festgelegten Verwendungszweck gesichert wird, ist unerheblich. Am Wesen und Charakter einer solchen Steuerform wird dadurch nichts geändert. Ist man sich der wahren Natur solcher Finanzzwecksteuern bewußt geworden, so kann man sie auch abgekürzt unbedenklich als „Finanzsteuern" bezeichnen, was sich wegen der Gegenüberstellung zur nächsten Gruppe empfehlen dürfte.

B. Die Zwecksteuern anderer Art.

Bei ihnen handelt es sich um die „Zwecksteuern im eigentlichen Sinne" oder kurz „Zwecksteuern", wie sie künftig genannt werden sollen, um einem eingebürgerten Sprachgebrauch Rechnung zu tragen. Der Versuch, den Begriff der reinen Zwecksteuern herauszuarbeiten begegnet nicht geringen Schwierigkeiten. Die herrschende Auffassung wird vertreten durch Eheberg: „Zwecksteuern sind Steuern, deren Erträgnisse (!) dazu dienen sollen, einen bestimmten, genau bezeichneten öffentlich-rechtlichen Zweck zu erfüllen"[5]. Auch Dora Schmidt (S. 20) definiert sie als „Steuern, deren Erträgnisse für einen bestimmten Verwendungszweck gebunden sind". Hier zeigt sich deutlich die mehrfach erwähnte Tatsache, daß für die Abgrenzung der beiden Steuerkategorien „Finanzsteuern" und „Zwecksteuern" ein Moment in den Vordergrund gerückt wird, das überhaupt außerhalb jeder Steuerform liegt, nämlich die Art der Verwendung ihres Ertrages. Daß man mit dieser herkömmlichen begrifflichen Abgrenzung geradezu in eine Sackgasse geraten ist, ergibt sich aus folgenden Erwägungen. Einmal ist die Zweckbindung, wie schon mehrfach erwähnt, ein rein haushalttechnischer Vorgang, der keineswegs auf die Steuern allein beschränkt ist, sondern uns auch bei Dotationen, Subventionen, Überweisungen, Anleihen begegnet. Andererseits müßte man aus der erwähnten Definition schließen, daß jede Steuerform, deren Ertrag im konkreten Falle in die allgemeine Finanzkasse fließt (zum Beispiel eine selbständig erhobene Junggesellensteuer), aus der Reihe von Zwecksteuern zu streichen wäre.

Noch schwankender wird dieser, auf die Ertragsverwendung gestützte Begriff dadurch, daß ein und dieselbe Steuerform das eine Mal als Finanzsteuer, das andere Mal als Zwecksteuer zu kennzeichnen wäre. Angenommen, der Ertrag einer Warenhaussteuer wird dazu verwendet, die kleineren Händler und Gewerbetreibenden steuerlich zu entlasten, von einem bestimmten Zeitpunkt ab wird ihr Ertrag in die allgemeine Finanzkasse geleitet. Im ersteren Falle wäre die Warenhaussteuer eine Zwecksteuer, im zweiten Falle hätte sie sich — ohne daß an ihrer Gestalt das Geringste geändert worden ist — plötzlich in eine Finanzsteuer verwandelt. Man sieht schon daraus, zu welch unhaltbaren Folgen eine solche begriffliche Festlegung führt!

---

[5] Eheberg, Artikel „Zwecksteuern" in der 4. Aufl. des Handwörterbuchs d. Staatsw. Bd. VIII (1928), S. 1232.

1. Die reinen, selbständigen Zwecksteuern.

In der Zwecksteuer im reinen Sinn sehe ich nun im Gegensatz zur herrschenden Lehre eine Steuerform, die nach ihrem inneren Aufbau wie nach ihrer äußeren Gestalt, ja ihrem ganzen Wesen, nach dazu dienen soll, auf dem Umweg über die Steuergesetzgebung ein vom Staat oder einem anderen öffentlichen Verband erstrebtes, außerhalb des Finanzzweckes gelegenes Ziel zu erreichen. Dieser Zweckgedanke ist die Veranlassung zur Schaffung dieser betreffenden Steuer, ihm verdankt sie ihre Entstehung und eine ganz bestimmte Form. Ob der gedachte Zweck dabei erreicht wird, ist nicht entscheidend. Wie ihr Ertrag Verwendung findet, ist zunächst gleichgültig. Jedenfalls will der Gesetzgeber durch die so konstruierte Steuerform auf das Verhalten der betreffenden Steuerpflichtigen einwirken, sie zu bestimmten Handlungen oder Unterlassungen bewegen.

Die praktische Bedeutung der hierher gehörigen Steuerformen ist anscheinend nicht allzu groß. Meist handelt es sich um Strafsteuern, Erdrosselungssteuern unbedeutender Art, deren Wesen ja aus der Steuerlehre hinreichend bekannt ist. Die Beschäftigung mit diesen teilweise bis zum Überdruß und unter übertreibender Betonung ihrer Wichtigkeit da und dort geschilderten Steuerformen kann hier nicht vermieden werden, wo es sich um die Herausarbeitung von Grundlagen für eine zweckmäßige Systematik, um die theoretische Formulierung und die Abgrenzung von Problemgruppen handelt.

Typische Zwecksteuern im reinen Sinne sollen hier kurz skizziert werden. An der Spitze marschiert gewöhnlich die Junggesellensteuer, ein wahrer Tummelplatz für den Steuerdilettantismus[6]. Die älteren Verwirklichungen dieser Steuerform und namentlich alle Versuche, sie in der modernen Zeit wieder zu beleben, zeigen ihren wahren Charakter: bevölkerungspolitische Motive, Furcht vor Geburtenrückgang, verminderte Wehrfähigkeit usw. als Hintergrund. Durch eine hohe Strafsteuer sollen, wie ja bis zum Überdruß hervorgehoben wird, die Junggesellen zur Eheschließung veranlaßt, es soll also ihr Verhalten gegenüber der Bevölkerung beeinflußt werden. Um

---

[6] Gemeint ist hier die selbständige Junggesellensteuer, nicht etwa die später behandelte, in die Einkommensteuer eingebaute Sonderbelastung einzelstehender Personen. Die selbständige Junggesellensteuer, wie sie zum Beispiel von der sächsischen Gemeinde Oschatz geschaffen wurde, hat sich bekanntlich nicht bewährt.

diesen Einfluß zu sichern, erhält die Steuerform einen ganz bestimmten Charakter, einen besonderen Aufbau, der sie wesentlich von allen anderen Steuerformen auf Einkommen und Vermögen unterscheidet.

Ein weiteres Beispiel bietet die Warenhaussteuer: sie soll die betreffenden Warenhausunternehmer vor Ausdehnung ihres Geschäftsbereiches zurückhalten, also Ziele der Mittelstandspolitik sollen auf dem Wege einer besonders konstruierten, das Verhalten der betroffenen Steuerzahler wirksam beeinflussenden Steuerform verfolgt werden. Durch eine stark progressive Belastung des Umsatzes, durch eine hohe Sondersteuer auf die Filialbetriebe, starke Mehrbelastung bei steigender Anzahl von Warengruppen (sogenannte Branchensteuer) usw. will man Einfluß ausüben auf das wirtschaftliche Verhalten der Unternehmer von Warenhausbetrieben. Auch die Mühlen-Umsatzsteuer kann in diesem Zusammenhang genannt werden, die einer weiter vordringenden Konzentrationsbewegung der Großmühlen entgegenwirken und ebenfalls Ziele der Mittelstandspolitik verwirklichen sollte. Durch eine mit steigendem Umsatz progressiv wachsende Steuerlast und eine entsprechende Erhöhung der Produktionskosten will man das Verhalten der Großunternehmer auf dem Umweg über die Steuergesetzgebung beeinflussen.

Ausgesprochene Tendenzen zu einer im Dienste einer bestimmten Wirtschafts- oder Staatspolitik stehenden Zweckbesteuerung zeigen sich namentlich als Ausfluß der Boden-, Siedlungs- und Wohnungspolitik. Die von angloamerikanischen Bodenreformern propagierte Single-tax, die allerdings in der angestrebten Form nirgends verwirklicht worden ist und die der Idee nach eine Wegsteuerung der gesamten Grundrente, also eine entscheidende Veränderung der Besitzverteilung auf dem Steuerweg vorsieht, ist eine typische Zwecksteuer, bei der allerdings der Sonderzweck und der Finanzzweck in unauflösbarer Verbindung stehen. Man versucht, durch eine so konstruierte Steuerform, die sich ebenfalls in ihrem Wesen von allen anderen Steuerformen ähnlicher Art (etwa der Grundsteuer) durch die Verwirklichung des Zweckgedankens aufbaumäßig vollständig unterscheidet, die Grundstückseigentümer von jeder Grundstücksspekulation zurückzuhalten. In gleicher Richtung, wenn auch gänzlich abgeschwächt und in ihren Zielen von der Single-tax weit entfernt, bewegt sich die Wertzuwachssteuer, die aber auch dem ausgesprochenen Zweckgedanken ihre Entstehung verdankt und in ihrer ganzen Konstruktion das Gepräge einer das wirtschaftliche Verhalten der betroffenen Steuerzahler beeinflussenden Steuerform zeigt[7].

Die in den deutschen Gemeinden der Nachkriegszeit eingeführte Wohnungsluxussteuer ist ebenfalls eine Zwecksteuer ausgeprägter Art. Sie verfolgte ausgesprochenermaßen das Ziel, durch die Auferlegung einer hohen, nach Anzahl der Räume gestaffelten Sondersteuer die Inhaber großer Wohnungen zur Freimachung von Wohnräumen zu veranlassen, also die Wohnungsnot zu lindern. Diese Inhaber großer Wohnungen, die selbst in Zeiten einer tief gesunkenen Lebenshaltung infolge der Wohnungszwangswirtschaft und der niedrig gehaltenen Mietpreise ihre Wohnungen beibehalten konnten, also über einen Überfluß an Wohnräumen verfügten in der gleichen Zeit, wo Hunderttausende von Familien als Wohnungslose vegetierten, sollten durch eine hohe Sondersteuer in ihrem Verhalten entscheidend beeinflußt werden. Diese Steuerform unterscheidet sich, trotz gewisser äußerer Ähnlichkeiten nach ihrem ganzen Aufbau, grundsätzlich von allen übrigen Wohnungs=, Gebäude=, Miet= und Hausertragsteuern. Durch scharfe Progression bei steigender Anzahl als überflüssig angesehener Wohnräume wollte man einen so starken steuerlichen und daher auch wirtschaftlichen Druck auf die beteiligten Steuerzahler ausüben, daß sie sich zur Freimachung dieser Wohnungen veranlaßt fühlten. Warum dieses Ziel nicht erreicht wurde und wo die Ursachen des Mißerfolges dieser Steuerform gelegen sind, gehört nicht hierher[8], es steht jedenfalls aber fest, daß dieses Ziel der Ausgangspunkt für die Schaffung dieser Steuerform gewesen ist, und daß ihr Aufbau auch ein entsprechendes Gepräge zeigt.

Weitere Zwecksteuern noch unbedeutenderer Art zeigen sich etwa in der Börsensteuer, der amerikanischen Kinderarbeitsteuer, der Opiumsteuer usw.

Die Börsensteuer war, wenigstens zur Zeit ihrer Entstehung, eine ausgesprochene Zwecksteuer; sie verdankt ihr Dasein dem Einfluß der

---

[7] Näheres über den Zweckgedanken bei dieser Steuerform in meinem Artikel „Wertzuwachssteuer (Grundstückgewinn=Steuer)" im Handwörterbuch d. Staatsw., 4. Aufl., Bd. VIII (1928), S. 1017 ff.

[8] Einzelheiten über die ihrem Wesen nach anscheinend wenig bekannte Steuerform in meinem Artikel „Wohnungsluxussteuer" im Handwörterbuch d. Staatsw., 4. Aufl., Bd. VIII (1928), S. 1072 ff.

Börsengegner, und sie sollte die an der Börse Spielenden zur Einschränkung oder sogar zur Aufgabe ihrer Tätigkeit veranlassen. Interessante Beispiele für ausgesprochene Zwecksteuern begegnen uns namentlich in den Vereinigten Staaten, wo die Verwirklichung bestimmter staatspolitisch, vielfach auch sozialpolitisch anerkannter Zwecke aus verfassungsmäßigen Gründen auf dem Wege der ordentlichen Bundesgesetzgebung nicht möglich ist. Eine Reihe von Versuchen zeigen uns deutlich, wie man auf dem Umwege über die Steuergesetzgebung erstrebte, sozialpolitische Ziele zu erreichen, einfach deshalb, weil man auf anderem Wege diesen Dingen von Bundes wegen nicht beizukommen vermochte[9]. So zum Beispiel bemühte man sich, eine Einschränkung der Kinderarbeit zu erzwingen durch eine Art Strafsteuer, eine Abgabe von 10 % des Reinertrages durch diejenigen Unternehmungen, die bestimmte, vom Steuergesetz gezogene Grenzlinien in der Beschäftigung von Kindern überschritten. Durch das Opiumsteuergesetz versuchte man, auf dem Wege einer außerordentlich hohen Sonderbelastung den Verzicht der inländischen Erzeuger auf den Anbau von Opium zu erreichen, weil verfassungsmäßig auf dem Wege eines Bundesgesetzes ein dahingehendes Verbot nicht durchzuführen gewesen wäre.

Allzu viele wichtigere Beispiele wird es kaum in der internationalen Steuergesetzgebung noch geben, aber die angezeigten dürften ja auch vollauf genügen, um den Wesensunterschied herauszuarbeiten, auf dem die ganze Darstellung im folgenden beruhen wird. Scheidet man in der von mir vorgenommenen Weise zunächst zwischen den reinen Finanzsteuern und den reinen Zwecksteuern, so gewinnt das Bild außerordentlich an Klarheit und Schärfe. Denn nun erst versteht man, daß diese beiden verschiedenartigen Kategorien: Finanzsteuern und Zwecksteuern sich gegenseitig verflechten und durchdringen können.

2. Die „eingebauten" Zwecksteuern.

Die bisher behandelten reinen Zwecksteuern lieferten uns eine Reihe von Beispielen dafür, daß ein staatspolitisch, wirtschaftspolitisch, sozialpolitisch usw. erstrebter Zweck auf dem Umweg über die Steuergesetzgebung, und zwar durch die Errichtung besonderer Steuerformen erreicht werden soll. Da es sich jedoch nur selten verlohnt, in jedem

---

[9] Vgl. Dora Schmidt, a. a. O., S. 56 ff.

Einzelfall zu diesem Behufe eine besondere Steuerform ins Leben zu rufen, versucht man in der weitaus größten Mehrzahl aller Fälle, den erstrebten Zweck im Rahmen einer geeignet erscheinenden Finanzsteuer zu verwirklichen. Man benutzt die günstige Gelegenheit, beim Erlaß oder bei einer Änderung einer Finanzsteuer, gewissermaßen eine Zwecksteuer an irgendeiner Stelle einzubauen, weshalb diese Gruppe von mir auch als „eingebaute" Zwecksteuern bezeichnet wird.

Dieser Vorgang ist praktisch von einer überaus großen Bedeutung. Die moderne Steuergesetzgebung der meisten Kulturstaaten weist eine große Anzahl von Finanzsteuern auf, in die solche Zwecksteuern eingebaut sind. Im gleichen Maße, wie dies der Fall ist, wird die reine Finanzsteuer zurückgedrängt zugunsten einer Mischform, bei der zwar der Finanzzweck ganz im Vordergrund steht, Sonderzwecke aber doch auch stark betont werden.

Auf diese „eingebauten" Zwecksteuern trifft — im abgeschwächten Sinne — alles zu, was über die reinen Zwecksteuern gesagt ist. Auch hier ist der Hintergrund ein Sonderzweck, eine bevölkerungspolitische, wirtschafts- oder etwa sozialpolitische Zielsetzung, auch hier soll das Ziel erreicht werden auf dem Umweg über die Steuergesetzgebung. Hier wie dort erhält die Steuer — oder richtiger der dem Zweck gewidmete Bestandteil — eine im Hinblick auf die Zielsetzung bestimmte Gestalt; auch hier sollen die Steuerpflichtigen oder bestimmte Gruppen von ihnen zu gewissen Handlungen oder Unterlassungen veranlaßt werden.

Beispiele: Bevölkerungspolitische Tendenzen, durch beträchtliche Steuererleichterungen bei wachsender Kinderzahl einer Familie der sinkenden Geburtenzahl entgegenzuwirken, zeigen sich besonders deutlich bei der französischen Steuergesetzgebung der Gegenwart. Wenn unter anderen die französische Erbschaftsteuer mit steigender Kinderzahl des Verstorbenen progressiv wachsende Ermäßigungen zubilligt, und der Gesetzgeber von einer gewissen Anzahl von Kindern ab schon eine Freistellung von der Erbschaftsteuer überhaupt verfügt, so ist der Zweckgedanke bevölkerungspolitischer Art hier unverkennbar. In ähnlicher Form ist er auch in den französischen Schedulensteuern verwirklicht, wie ja überhaupt die moderne, namentlich die allgemeine Einkommensteuer eingebaute Zwecksteuern in der verschiedensten Form zeigt (Höherbelastung der Junggesellen, überhaupt der alleinstehenden Personen, Schonung kinderreicher Familien durch progressiv stark wachsende Ermäßigungen usw.). Ob und in welchem Umfang das Ziel des Gesetzgebers erreicht wird, das Verhalten der Steuerpflichtigen bevölkerungspolitisch zu beeinflussen, ist eine Sache für sich. Jedenfalls sind Tendenzen in der angedeuteten Richtung namentlich unter dem Eindruck des Geburtenrückgangs in der Steuergesetzgebung einer Reihe von Kulturstaaten zum Ausdruck gelangt.

Ein interessantes Beispiel für den Einbau von Zwecksteuern in eine Finanzsteuer bietet die modernste deutsch-österreichische Steuergesetzgebung in dem 1926 geschaffenen und 1928 weiter ausgebauten Investitionen-Begünstigungsgesetz[10]. Der hierbei verwirklichte Zweckgedanke ist produktionspolitischer Art und kommt bei der Einkommen-, Erwerb- und Körperschaftsteuer in folgender Weise zum Ausdruck[11]. Alle Steuerpflichtigen, die im Jahre 1928 oder 1929 Maschinen aufstellen, neue Betriebseinrichtungen schaffen oder bestehende Einrichtungen erweitern, neue Geschäfts-, Wohn- oder Betriebsgebäude errichten, dürfen weit über das sonst übliche Maß hinaus an den aufgewendeten Beträgen Abschreibungen vornehmen. Bei buchführenden Unternehmungen können nicht weniger als 50 %, bei nichtbuchführenden Betrieben 25 % derjenigen Aufwendungen abgeschrieben werden, die in dem betreffenden Jahr in einer der oben beschriebenen Formen investiert worden sind. Der Zweckgedanke ist hier deutlich erkennbar. Auf dem Umweg über die Steuergesetzgebung versucht man, eine Vermehrung und Verbesserung der Produktionsmittel, eine erhöhte Leistungsfähigkeit der inländischen Industrie, ihre vermehrte Wettbewerbsfähigkeit auf dem Weltmarkt und eine Beseitigung der großen Anzahl von Arbeitslosen zu erreichen[12].

Gewissen Gruppen von Steuerzahlern wird der erhebliche Vorteil eingeräumt, daß sie bereits im Jahre der Investierung an dem erzielten Reingewinn beträchtliche Teile des Aufwandes für die Erweiterung und Erneuerung des gesamten Produktionsapparates als steuerfrei abschreiben können. Es ist sehr bemerkenswert, daß durch die

---

[10] Vgl. zu folgendem Wilhelm Neidel, Wirtschaftspolitische Steuergesetzgebung. (Das neue Investitionen-Begünstigungsgesetz.) Mitteilungen des Verbandes österreich. Banken und Bankiers, IX. Jahrg. (1928), S. 304 ff.

[11] Über ähnliche Tendenzen in der Steuergesetzgebung unterrichtet die Arbeit von Elsa F. Pfau, Industriepolitische Gesichtspunkte in der Besteuerung. (Finanz- und volkswirtschaftliche Zeitfragen, herausgegeben von Wolf und Schanz, Heft 71.) Stuttgart 1921.

[12] Vgl. hierzu die Begründung des Gesetzentwurfes von 1928 und die Ausführungen von Neidel, a. a. O., S. 306.

I. Finanzsteuern und Zwecksteuern.

Einbeziehung auch der nichtbuchführenden Betriebe diese Steuerbegünstigung für Investititionen auch auf die mittleren und kleineren bäuerlichen Wirtschaften ausgedehnt ist. Man erwartet von diesen gesetzlichen Bestimmungen nicht nur eine weitgehende Modernisierung und Rationalisierung in gewerblichen Betrieben, sondern auch eine Umstellung der Bauernwirtschaften und landwirtschaftlichen Großbetriebe auf die Methoden einer modernen landwirtschaftlichen Betriebsführung.

Die in so großer Höhe zugestandenen Mehrabschreibungen bedeuten für den Steuerpflichtigen einen nicht gering einzuschätzenden Vorteil. Gewiß wäre er auch bei den sonst üblichen Abschreibungsmethoden in der Lage, im Laufe einer größeren Anzahl von Jahren diese Quoten als steuerfrei am Reingewinn kürzen zu können. Wenn sich jedoch die Möglichkeit einer Abschreibung in so großen Posten schon auf das erste Jahr der Kapitalverwendung zusammendrängt, so wird bei der Einkommensteuer der progressive Steuersatz außerordentlich ermäßigt; es entsteht ein erheblich verminderter Steuerbetrag, ein Zinsgewinn, die Möglichkeit, die ersparten Steuern für andere produktive Zwecke zu verwenden. Die Neigung, von diesen Begünstigungen Gebrauch zu machen, den Betrieb zu modernisieren, die Kapazität des Produktionsapparats bedeutend zu steigern, darf gewiß nicht gering angeschlagen werden. Aber auch noch in einer anderen Richtung wirkt sich der Zweckgedanke in einer Einflußnahme auf das Handeln oder Unterlassen des Steuerpflichtigen aus: durch die Vorschrift nämlich, daß die genannten Vergünstigungen nur dann gewährt werden, wenn die betreffenden Maschinen, Betriebsanlagen und dergleichen im Inland hergestellt sind. Ist das letztere nicht der Fall, dann unterbleibt die erhöhte Abschreibung, und nur dort, wo die betreffenden Erzeugnisse im Inlande nicht hergestellt werden können, darf von Fall zu Fall eine solche Vergünstigung gewährt werden. Daraus ergibt sich als weitere Folge eine Beeinflussung des Steuerpflichtigen nach der Richtung, daß er seine ganze Modernisierung mit Hilfe der inländisch erzeugten Produktionsmittel vornimmt.

Offenbar beeinflußt durch die erste Fassung des deutsch-österreichischen Investititionen-Begünstigungsgesetzes hat auch die tschechoslowakische Steuergesetzgebung eine ähnliche Bestimmung in ihr neuestes Einkommensteuergesetz von 1927 aufgenommen (vgl. Reidel, S. 309). Nach § 79 Lit. f wird vom Jahre 1927 ab allen Unternehmungen, die Gebäude für ihren Betrieb, sowie Beamten- oder Arbeiterwohnungen ausführen, bei einem Neubau sowohl wie beim Umbau eine ähnliche Vergünstigung eingeräumt. Namentlich ist diese aber gewährt für die Abwechslung alter oder die Anschaffung neuer Maschinen und Einrichtungen aller Art. In all diesen Fällen wird fünf Jahre hindurch neben den ordentlichen Abschreibungen eine weitere steuerfreie außerordentliche Abschreibung um 20% des gemachten Aufwandes zugestanden. Im Gegensatz zur deutsch-österreichischen Gesetzgebung, welche die genannte Steuervergünstigung nur als eine vorläufige Maßregel, einen Übergangszustand geschaffen hat, ist die Bestimmung des tschecho-slowakischen Einkommensteuergesetzes ein organischer Bestandteil dieses Gesetzes und daher für die Dauer berechnet. Eine analoge Bestimmung ist im § 55, Abs. 1, des Gesetzes bezüglich der allgemeinen Erwerbsteuer getroffen[12a].

Sicherlich weist die in- und ausländische Steuergesetzgebung noch eine Reihe weiterer Beispiele auf, die in ähnlicher Richtung gelegen sind und die bei einer speziellen Untersuchung dieses Gebietes plastischer hervortreten würden. In diesen Zusammenhang gehört namentlich auch die Bestimmung des italienischen Kraftfahrzeugsteuergesetzes, wonach eine fünfjährige Steuerfreiheit für diejenigen Kraftwageneigentümer eintritt, deren Fahrzeuge mit im Inland hergestellten Motoren betrieben werden[13]. Es wird berichtet, daß allein durch diese Bestimmung die italienische Motorenindustrie einen außerordentlich starken Impuls erfahren hat; das Experiment, auf dem Umweg über die Steuergesetzgebung produktionspolitisch zu wirken, den Steuerpflichtigen in seinen Handlungen zu beeinflussen, ist auch hier durchaus geglückt. Nicht mit Unrecht betont Neidel in seiner erwähnten knappen, aber inhaltreichen Studie, daß „die Aufnahme wirtschaftspolitischer Ziele in den normalen Funktionskreis der Steuer, somit die endgültige Abkehr vom Grundsatze des Alleinzweckes der Steuer" ein Problem von grundsätzlicher Bedeutung ist. Der nächste Schritt, so sagt Neidel, würde zur letzten Entwicklungstufe, zur Verflechtung der Steuer- und Wirtschaftspolitik führen, die sich allerdings nicht

---

[12a] Vgl. hierzu den Motivenbericht der Regierungsvorlage und den Bericht des Budgetausschusses des Abgeordnetenhauses zum Gesetz betr. die direkten Steuern, in „Die Steuerreform des Jahres 1927". (Gesetz der tschechoslowakischen Republik, Sammlung Rohrer, Bd. 22), Prag 1927, Bd. I, S. 224.

[13] Vgl. meinen Artikel „Kraftfahrzeugsteuer" im Handwörterbuch d. Staatsw., 4. Aufl., Bd. V (1923), S. 922.

mehr mit Einzelmaßnahmen begnügen könnte, sondern eine wesentliche Reform des Steuersystems bedingen würde[14].

Im Rahmen von Finanzsteuern werden Zielsetzungen in ausgedehnter Weise namentlich bei den Verbrauchs- und Aufwandsteuern verwirklicht, die vorzugsweise auf produktionspolitischem Gebiet hervortreten und sich vielfach mit Forderungen der Mittelstandspolitik berühren. Der Zweckgedanke, ähnlich wie bei der Warenhaussteuer durch höhere Belastung der großen Betriebe ihre weitere Ausdehnungstendenz zu hemmen, die mittleren und kleineren Betriebe in starker Weise zu schonen, sie im Bewußtsein ihrer Lebensfähigkeit zu stärken, die Selbständigmachung kleinerer Unternehmer auf diesem Gebiete zu fördern, kommt in einer ganzen Reihe von Steuergesetzen deutlich sichtbar zum Ausdruck. In diesem Sinne ist der Zweckgedanke, zum Teil in Verbindung sogar mit einer Kontingentierung der Produktion verwirklicht bei der Branntweinsteuer, bei der Biersteuer, der Tabaksteuer. Der Gedanke der Kontingentierung, die gewöhnlich nicht als eine absolute, sondern als eine relative aufzufassen ist, beruht auf der Zielsetzung, die über das Kontingent hinaus erzeugten Einheiten von Produkten der großen Unternehmungen steuerlich höher zu erfassen, also mit höheren Produktionskosten zu belasten, die Neigung zu Betriebsvergrößerungen dadurch zurückzudämmen und also die Steuergesetzgebung als Instrument der Wirtschaftspolitik zu handhaben.

In einer ganzen Reihe von Einzelfällen begegnet uns die Durchführung anderer Zweckgedanken im Rahmen der Steuergesetzgebung. Der progressiv gestaltete Zuschlag zur polnischen Grundsteuer stellt sich dar als eine Sonderbelastung des mittleren und großen Grundbesitzes, den man hierdurch zu einer Parzellierung im Sinne der Bodenreform-Gesetzgebung von 1919—1924 veranlassen will[14a]. Das australische Grundsteuergesetz versucht, durch eine außerordentlich hohe Progression die Neigung zur Latifundienbildung zurückzuschrauben, wobei man annimmt, daß bei den eine gewisse Besitzgröße überschreitenden Grundflächen durch die Wirkung des Steuerdrucks die Rentabilität so

---

[14] Neidel, a. a. O., S. 309.
[14a] Vgl. E. Taylor, Finanzpolitik und Steuersystem der Republik Polen. (Finanzwiss. u. volksw. Studien, herausg. v. Karl Bräuer, Heft 12.) Jena 1928. S. 220.

weit herabsinkt, daß einer Tendenz zu weiterer Latifundienbildung auf diesem Wege wirksam begegnet wird. Deutlich zeigt sich auch der Sonderzweck in der Höherbelastung des Verpächters gegenüber dem selbstwirtschaftenden Eigentümer und namentlich in einer stärkeren Belastung des Absentisten gegenüber dem im Inland wohnenden Grundeigentümer. Auch die rumänische Steuergesetzgebung hat ähnliche Grundsätze verwirklicht, die darauf hinauslaufen, infolge der starken Mehrbelastung die Grundeigentümer zur Eigenbewirtschaftung zu veranlassen und auch dem Absentismus entgegenzuwirken[15].

Eine große Anzahl von Beispielen lassen sich also dafür anführen, daß man die Durchführung gewisser, im Aufbau einer Steuer ausgedrückter Zweckgedanken im Rahmen einer als geeignet erscheinenden Steuerform zu verwirklichen sucht. In allen diesen Fällen handelt es sich um Finanzsteuern, also Steuern, die auf alle Fälle, und zwar in Rücksicht auf die Deckung des Finanzbedarfs ohnedies zur Erhebung gelangen. In welchem Grade sich die beiden Formen gegenseitig durchdringen, hängt von der jeweiligen Beschaffenheit der Steuerform im Einzelfall ab. In der Regel wird man sagen können, daß die eingebauten Zwecksteuern nur einen minimalen Bestandteil der Finanzsteuern absorbieren, daß in der Regel die Deckung des Finanzbedarfes so sehr im Vordergrunde steht, daß bei diesen Mischformen die eingebaute Zwecksteuer und der Zweckgedanke nur den Charakter einer wenig bedeutenden Begleiterscheinung besitzen. Allerdings kann auch die eingebaute Zwecksteuer, namentlich bei weiterer Ausgestaltung einer bewährten Steuerform so sehr in den Vordergrund treten, so sehr gewissermaßen überwuchern, daß der Finanzsteuercharakter an die zweite Stelle gerückt wird und diese eingebaute Zwecksteuer sich immer mehr einer Zwecksteuer im reinen Sinne nähert.

Schließlich kann die gegenseitige Durchdringung, die Verflechtung zwischen Finanzsteuern und Zwecksteuern so weit gehen, daß es zu einer förmlichen Verschmelzung kommt, daß gewissermaßen beide in einer Steuerform aufgehen. Ein Beispiel dafür, daß Zwecksteuer und Finanzsteuer unlösbar verkoppelt sind, gegenseitig ineinander übergehen und voneinander gar nicht mehr getrennt werden können, scheint mir die Single-tax zu bieten. Zweifellos ist bei den gemachten Vorschlägen der Zwecksteuergedanke in entscheidender Weise in den Vorder-

---

[15] Einzelheiten in meinem Artikel „Grundsteuer" im Handwörterbuch d. Staatsw., 4. Aufl., Bd. IV (1927), S. 1261, 1264 f.

grund gerückt: durch einen entsprechenden Aufbau dieser Steuerform soll die gesamte Grundrente hinweggesteuert, also in die Hände der öffentlichen Gewalt übergeführt werden. Andererseits soll sie aber auch dazu dienen, den gesamten öffentlichen Bedarf sicherzustellen, ein Beweis dafür, daß Finanz- und Zweckgedanke verschmolzen, untrennbar miteinander verbunden sind. Eine solche völlige Verschmelzung von Finanz- und Zweckgedanke glaube ich auch bei der Kriegsgewinnsteuer annehmen zu dürfen.

Welche große Bedeutung den eingebauten Zwecksteuern zukommt, zeigt in lehrreicher Weise das Buch von Paul Haensel über die sowjetrussische Finanz- und Steuerverfassung der Gegenwart. Der Gesamteindruck, den man von der Darstellung gewinnt, ist der, daß in diesem Lande das gesamte Steuersystem wie zahlreiche einzelne Steuerformen geradezu zum Instrument geworden sind, mit dessen Hilfe man neuerdings (insbesondere seit 1926) die sich in der Richtung eines Staatskapitalismus bewegende Wirtschafts- und Industriepolitik durchzuführen sucht[16].

Eine Analogie zu den Zwecksteuern bilden auch die Schutzzölle, jene öffentlichen Abgaben, in denen die Einflußnahme auf die Wirtschaftspolitik eines Landes am deutlichsten zum Ausdruck gelangt. Der gesamte Aufbau unserer modernen Zolltarife gründet sich ja auf die dem Agrarschutz oder Industrieschutz innewohnende Zielsetzung. Auch hier zeigt sich eine Verbindung von Finanzzweck und Schutzzweck, denn die Eingänge aus Schutzzöllen (nicht nur aus Finanzzöllen) können zu einem wichtigen Bestandteil der öffentlichen Einkünfte werden. Ein deutliches Beispiel hierfür bietet die Finanzwirtschaft der Vereinigten Staaten von Amerika in der Vorkriegszeit, deren Bundeshaushalt sich ganz vorzugsweise auf die aus hohem Zollschutz fließenden Einkünfte stützte.

II. Die Zweckzuwendung von Steuererträgen.

Die bisher betrachteten Vorgänge, die Fragen der reinen und der eingebauten Zwecksteuer, gehören dem Gebiet der Steuerlehre an. Mit der Erörterung der Zweckzuwendung verlassen wir vollständig das

---

[16] Vgl. Paul Haensel, Die Finanz- und Steuerverfassung der Union der sozialistischen Sowjet-Republiken. (Finanzw. u. volksw. Studien, herausg. v. Karl Bräuer, Heft 10.) Jena 1928. Siehe besonders meine Vorrede zu diesem Werk S. V—XII.

Gebiet der Steuerlehre und betreten den Boden des öffentlichen Haushaltes, der Verwendung von Einkünften zur Erfüllung der Staatsaufgaben. Mittelbar oder unmittelbar stehen alle öffentlichen Einkünfte im Dienste dieser Aufgabe: Erfüllung der Staatszwecke ist das Ziel, Verwendung der verfügbaren Einkünfte ist das Mittel.

A. Die Zweckzuwendungen im öffentlichen Haushalt überhaupt.

Ich habe bereits erwähnt, daß die Zweckzuwendung sich bei genauerer Betrachtung als ein Vorgang, eine Einrichtung präsentiert, die nicht nur auf das Gebiet der Steuern beschränkt, sondern bei allen Quellen öffentlicher Einkünfte denkbar und zum großen Teil auch verwirklicht worden ist. Die Bindung gewisser Erträge aus ganz bestimmten Quellen von Einkünften an einen bestimmt vorgeschriebenen Verwendungszweck ist lediglich eine technische Angelegenheit der Finanzgebarung, eine vorsorgliche Maßnahme, um auch durch eine nachhaltig fließende Quelle die Durchführung einer als notwendig oder nützlich erkannten Staatsaufgabe finanziell sicherzustellen. Ob es sich dabei handelt um Erträgnisse aus Erwerbsbetrieben, aus Monopolanstalten, um Steuern, Gebühren oder Beiträge, ist ganz gleichgültig. Beispiele aus diesem Gebiete sind in großer Mannigfaltigkeit nachzuweisen. Es sei nur erinnert an die aus den Erträgen der Zuckersteuer gezahlten versteckten Ausfuhrprämien oder offenen Ausfuhrvergütungen, an die Zweckbindung des Ertrags der deutschen Beförderungsteuer für Reparationsleistungen, an die Sicherstellung von Zolleinnahmen für den Schuldendienst zugunsten der ausländischen Gläubiger von Staatsanleihen usw. Neuerdings ist ja auch bei den Ertragsbeteiligungen, jener so stark in den Vordergrund gerückten Form des Finanzausgleichs, die Bindung an einen bestimmten Verwendungszweck vorgenommen worden. Aber nicht nur dort, wo es sich um ganz bestimmte Quellen von Einkünften handelt, sondern auch in den Fällen, wo von höheren an niedrigere öffentliche Verbände aus allgemeinen Mitteln Beträge überwiesen werden, kann die Überweisung an einen ganz bestimmten Verwendungszweck gebunden werden. Und schließlich ist auch zu beachten, daß solche Zweckbindungen nicht nur gegenüber öffentlichen Verbänden, sondern auch dort erfolgen können, wo es sich um private Personen und Personenvereinigungen handelt, denen zur Verwirklichung bestimmter

II. Die Zweckzuwendung von Steuererträgen. 21

Staatszwecke (beispielsweise Industrieschutz, Neubegründung eines Industriezweiges, der zur Lebensfähigkeit gebracht werden soll, Durchführung sozialpolitischer Maßnahmen) solche Zuwendungen gemacht werden.

Die Zweckzuwendung von Steuererträgen ist also nur ein Spezialfall aller dieser möglichen Zweckbindungen, wobei gewisse Summen einen öffentlichen Haushalt passieren und entweder an einen öffentlichen Verband oder an Private fließen. Um aber auch hier wieder die Zweckzuwendung bei Steuererträgen zu isolieren, mit einer größeren Bestimmtheit herauszuarbeiten und in ihrer vielfältigen Erscheinungsform deutlicher hervortreten zu lassen, ist wieder eine Abgrenzung gegenüber allen übrigen Formen der Zweckzuwendung im öffentlichen Haushalt erforderlich. Schon hier bemerke ich, daß die ganze Einrichtung haushalttechnischer Art ein Überbleibsel aus jener Zeit ist, in der das Prinzip der fiskalischen Kasseneinheit noch fehlte, wo also gewissermaßen der Gesamthaushalt in eine große Anzahl von Sonderhaushalten aufgelöst war, denen jeweils besondere, mit Zweckbindung ausgestattete Zuwendungen zuflossen[1]. Die Einrichtung ist in voller Klarheit in ihrer früher weitgehenden Bedeutung noch heute da und dort zu erkennen, namentlich begegnet sie uns auch noch im modernen englischen Staatshaushalt, wo große Bestandteile der öffentlichen Eingänge als zweckgebunden angesehen und zur Bestreitung gewisser Ausgabegruppen verwendet werden. Noch heute beruht die Ausscheidung des im englischen Haushalt so bezeichneten „Consolidated fund", der der parlamentarischen Behandlung entzogen ist, auf diesen älteren zweckgebundenen Vorstellungen. Auch der französische Staatshaushalt zeigt eine Zweckbindung, allerdings in einer anderen Form; dort bestehen neben dem allgemeinen Haushalt selbständige Sonderhaushalte, denen entweder aus allgemeinen Mitteln oder auf dem Wege der Zweckbindung bestimmter Einnahmequellen die erforderlichen Summen zugeführt werden. Schließlich bieten auch die Haushalte der Gemeinden, namentlich der Großstadtgemeinden, zahlreiche Beispiele für solche Zweckbindungen, für die Schaffung von Sonderhaushalten.

a) Dotationen, Subventionen. Eine nicht geringe Bedeutung ist

---

[1] Eine der frühesten Formen der Bindung bestimmter Einkünfte für bestimmte Zwecke ist wohl die von den Gläubigern der Fürsten in früheren Zeiten häufig verlangte Sicherung der Domänenerträgnisse für den Schuldendienst. (Freundlicher Hinweis des Herrn Kollegen Lotz.)

in diesem Zusammenhange den Dotationen und Subventionen beizumessen. Bei ihnen handelt es sich um Zuwendungen aus allgemeinen Mitteln eines oberen Verbandes an untere öffentliche Verbände oder an private Wirtschaften zur Durchführung öffentlicher Aufgaben. Dotationen und Subventionen sind fließende Begriffe ohne finanzrechtlich hinreichend scharf umrissene Konturen. Die zuweilen versuchte Scheidung, welche in den Dotationen Zuwendungen ohne Rücksicht auf die Art der Verwendung sieht und als Subventionen solche mit Bindung an einen bestimmten Verwendungszweck bezeichnet, ist in dieser allgemeinen Form wohl kaum haltbar[1a]. Insbesondere läßt sich das an den preußischen Dotationen nachweisen. Während früher die auf Grund der preußischen Dotationsgesetzgebung aus allgemeinen Mitteln den Provinzen zugewendeten Summen mit verpflichtender Zweckbestimmung ausgestattet waren, erfolgt neuerdings ihre Hingabe zur Deckung eines allgemeinen Finanzbedarfes.

Subventionen an öffentliche Verbände. Was die Subventionen an öffentliche Verbände betrifft, so handelt es sich bei ihnen um die Leistung von Zuschüssen eines übergeordneten an einen nachgeordneten öffentlichen Verband zur Durchführung einer dem unteren Verbande obliegenden bestimmten öffentlichen Aufgabe. In der Regel sind es solche Aufgaben, die in ihrer Bedeutung über das Gebiet des subventionierten Verbandes weit hinausgehen, die also für die Allgemeinheit, für den gesamten Staat Bedeutung haben. Wesentlich ist dabei, daß die empfangenden Gemeinwesen für eine bestimmte Aufgabe oder Einrichtung die Mittel selbst aufbringen und nur in der Durchführung dieser Aufgabe durch Zuschüsse des Oberverbandes unterstützt werden. Um nun die Verwendung der zur Verfügung gestellten Mittel in dem angestrebten Sinne auch zu sichern, ist dem subventionierten Verbande dabei der Verwendungszweck vorgeschrieben. In diesem Falle hat der obere Verband die Möglichkeit, die sachgemäße Verwendung zu kontrollieren und im Wege des Aufsichtsrechts alle etwa notwendigen Garantien zu schaffen.

Bei diesen Subventionen handelt es sich entweder um zeitlich beschränkte Zuschüsse zur Errichtung eines bestimmten öffentlichen Werkes (Bau einer Brücke, eines Bahnhofes, einer Hafenanlage) oder um jährlich wiederkehrende ständige Beiträge zur Erfüllung be-

---

[1a] Vgl. hierzu meinen Artikel „Überweisungen als Quelle öffentlicher Einkünfte" im Handwörterbuch d. Staatsw., 4. Aufl., Bd. VIII (1928), S. 364.

II. Die Zweckzuwendung von Steuererträgen.

stimmter öffentlicher Aufgaben (Sozialversicherung, Unterhaltung von Schulen usw.). Dabei können entweder feste Summen oder prozentuale Anteile an den erforderlichen Aufwendungen zur Verfügung gestellt werden. Das Subventionswesen hat eine besondere Ausdehnung in der Schweiz erfahren, was sich historisch und dadurch erklärt, daß dort allmählich eine große Anzahl ursprünglich dem Bunde obliegender Aufgaben auf die Kantone übergegangen sind, die zur alleinigen Durchführung dieser Aufgaben nicht über die erforderlichen Mittel verfügen.

Subventionen an private Wirtschaften. Soweit die aus öffentlichen Mitteln an öffentliche Verbände gewährten Subventionen. Neben ihnen gibt es nun auch zahlreiche Subventionen an private Wirtschaften, die aus staatspolitischen, wirtschaftspolitischen, sozialpolitischen, strategischen und anderen Gesichtspunkten gewährt werden. Es handelt sich auch hier entweder um einmalige oder auch für gewisse Zeit regelmäßig wiederkehrende Zuwendungen, häufig genug werden sie auch von Fall zu Fall in ihrer Höhe bestimmt.

Diese Form der allgemeinen Subventionen, das heißt die Zuführung verhältnismäßig umfangreicher Mittel an private Wirtschaften begegnet uns namentlich in kritischen Zeiträumen, bei niedergehender Konjunktur. Treten sie in großem Umfang auf, so sind sie das Kennzeichen einer abnormen Verfassung der Wirtschaft, normalerweise eine Übergangserscheinung, nicht ein Dauerzustand. Namentlich nach Katastrophen, die an die Existenz nicht nur großer Einzelunternehmungen, sondern ganzer Gruppen von Wirtschaftszweigen rühren, sehen wir sie häufig entstehen.

Besonders beachtenswerte Beispiele dieser Art sind die Entschädigungszahlungen, welche Frankreich, England und die Vereinigten Staaten von Amerika als Subventionen einmaliger Art in der Nachkriegszeit an die großen Eisenbahngesellschaften gewährten. Diese sollten damit in die Lage versetzt werden, ihr nach dem Kriege heruntergewirtschaftetes Material wieder instand zu setzen und den Aktionären in der Nachkriegszeit eine auskömmliche Dividende zu sichern. Neuerdings haben auch die auf dem Gesetz vom 1. August 1925 beruhenden englischen Kohlensubventionen die Aufmerksamkeit der Öffentlichkeit in hohem Maße auf sich gelenkt. Da bei ihnen als Bemessungsgrundlage die von den einzelnen Bergwerken gezahlten Lohnsummen gewählt wurden, liefen diese Subventionen praktisch darauf hinaus, gewissermaßen dem Staat bestimmte Teile der Bergarbeiter=

löhne aufzubürden. Für eine kurze Zeit hat der Staatshaushalt diese Subventionierung übernommen, aber bald haben starke Widerstände in der Öffentlichkeit zu ihrer Beseitigung und damit auch zum Ausbruch des damaligen Bergarbeiterstreiks geführt.

Indessen finden sich auch in normalen Zeiten Beispiele für eine Subventionspolitik, die bezweckt, privaten Wirtschaften der Industrie, der Landwirtschaft, des Handels, des Transportverkehrs aus öffentlichen Mitteln ansehnliche Beträge zuzuführen und die im Dienst der allgemeinen Staats- und Wirtschaftspolitik des betreffenden Landes steht. Bekannt sind die Subventionen, die in verschiedenen, am Seeverkehr besonders interessierten Nationen an die Reedereien gezahlt werden, um die Handelsschiffahrt auf eine möglichst hohe Stufe zu bringen und damit auch beim Ausbruch eines Seekrieges über eine möglichst große Anzahl von verwendungsfähigen Kampfschiffen zu verfügen.

Gerade während der Drucklegung dieser Abhandlung wird von dem in der Jones-White-Bill niedergelegten Plan der Vereinigten Staaten von Amerika berichtet, wonach aus Bundesmitteln den amerikanischen Schiffsbauern umfangreiche Subsidien gewährt werden sollen. Die Vorlage sieht die Bildung eines Fonds von 250 Millionen Dollars vor, mit dessen Hilfe Darlehen auf 20 Jahre zu wesentlich niedrigeren Zinssätzen gewährt werden sollen, als sie im Geschäftsverkehr üblich sind. Als weiteres Beispiel seien die umfangreichen Subventionen genannt, die der englische Staat an inländische Zuckerproduzenten bezahlt, sofern sie als Rohmaterial in England erzeugte Zuckerrüben verwenden[2]. Diese Subventionen sind gestaffelt nach dem Gehalt der Raffinade und wurden bei ihrer Begründung am 1. Oktober 1924 auf zehn Jahre in Aussicht genommen. Die Absicht ist hier deutlich erkennbar: Unterstützung des Aufbaus einer inländischen, noch in den Anfängen begriffenen Industrie in ähnlicher Weise wie auf dem Wege eines Erziehungszolles. In gewissen Zeiträumen nehmen die Subventions-Summen ab, bis sie 1934 gänzlich zu bestehen aufhören. — Aus den englischen Dominions sind Maßnahmen bekannt, die ebenfalls dazu bestimmt sind, durch Aufwendung öffentlicher Mittel den Aufbau einer nationalen Industrie zu fördern. Seit 1922 gewährt Australien Ausfuhrprämien für eine Reihe von Erzeugnissen, falls diese nachweislich aus inländischem Rohmaterial gefertigt sind. Süd-

---

[2] Vgl. meinen Artikel „Zuckersteuer (Verbrauchsteuer und Zuckerzoll)" im Handwörterbuch d. Staatsw., 4. Aufl. (1928), S. 1200.

afrika hat im gleichen Jahr Produktionsprämien auf Rohstahl (1924 bis 1926: 15 sh je Tonne) eingeführt[2a].

Bei allen diesen geschilderten Vorgängen zeigt sich deutlich die Tendenz, an öffentliche oder private Wirtschaften Mittel zu gewähren zur Erfüllung eines Zweckes, den man im allgemeinen staats- oder wirtschaftspolitischen Interesse fördern will. Damit sind alle diese Vorgänge in einer Ebene gelegen mit der Zweckzuwendung von Steuererträgen, denen nunmehr die folgende Darstellung gewidmet werden soll.

B. Die Zweckzuwendung von Steuererträgen insbesondere.

Die Zweckzuwendung von Steuererträgen ist also ebenfalls wie die Zuwendung von Erträgnissen aller übrigen Einkünfte ein haushaltstechnischer Vorgang. Sie ist entweder festgelegt in der Verfassungsurkunde (Schweiz), in einem besonderen Finanzverfassungsgesetz (etwa dem deutschen Finanzausgleichsgesetz), nicht selten auch im Text des betreffenden Steuergesetzes. Aus der letzteren Tatsache darf nun keineswegs geschlossen werden, daß dieser Vorgang etwa in die Lehre von den Steuern gehört, denn er ist gänzlich unabhängig davon, in welcher Weise eine Steuer innerlich beschaffen und äußerlich aufgebaut ist. Zwar ist auch hier ein Zweckgedanke erkennbar, aber die Durchführung des Zweckes vollzieht sich mit ganz anderen Mitteln und auf ganz anderem Wege als bei den oben geschilderten Zwecksteuern. Hier will man nicht auf dem Umwege über die Steuergesetzgebung die beteiligten Steuerzahler zu bestimmten Handlungen oder Unterlassungen zwingen, hier versucht der Staat auf eine andere Weise, den Zweck zu erreichen.

Eine solche Zweckzuwendung von Steuererträgen kann wieder technisch in sehr verschiedenartigen Formen bewerkstelligt werden, nämlich:

a) einmal durch Bindung des gesamten Ertrages einer Steuer,
b) durch die Erhebung von zweckgebundenen Zuschlägen zu einer irgendwie beschaffenen Steuerform, und schließlich

---

[2a] Oversea Yearbook, 1922, S. 348. Zitiert bei Charlotte Leubuscher, Ziele und Mittel der Handelspolitik in den britischen Dominions (Schriften d. Ver. f. Sozialpol. Bd. 171, 3. Teil I), S. 66. Weitere Beispiele für Produktions- und Schiffahrtssubventionen in Japan, Chile und Brasilien im Wirtschaftsdienst v. 12. August 1927, 11. April 1928, 25. Mai 1928.

c) kann sich die Zweckbindung auf bestimmte Teile des Steuerertrages beziehen, die entweder als absolute oder als relative Größen zum Ausdruck gelangen.

Bevor diese drei Möglichkeiten eingehender betrachtet werden, soll aber noch die Aufmerksamkeit darauf gelenkt werden, daß diese Zweckbindung des Gesamtertrags des Zuschlages oder gewisser Ertragsteile wieder in doppelter Form möglich ist:

1. entweder der Steuergläubiger, also etwa der steuererhebende Staat, übernimmt selbst durch eine gesetzliche Bindung eine solche Verpflichtung, den Ertrag einer Steuer ganz oder zum Teil einem bestimmten Zweck zuzuführen, oder
2. einem im Range niedriger stehenden öffentlichen Verband wird seitens eines höheren Verbandes bei Ertragsbeteiligung an einer gemeinschaftlich auszuschöpfenden Steuerquelle der Ertragsanteil mit verpflichtender Zweckbestimmung überwiesen. In diesem Falle hat der Oberverband also die Möglichkeit, im Aufsichtswege Garantien zu schaffen und eine Kontrolle über die bestimmungsgemäße Verwendung der zugewiesenen Beträge durchzuführen[3].

Ich wende mich nun zu einer Betrachtung der drei wichtigen Fälle: einer Zweckzuwendung des Gesamtertrages, der Erhebung eines zweckgebundenen Zuschlages und schließlich der Ausstattung von Ertragsteilen mit Zweckbindung.

a) Die Zweckzuwendung des Gesamtertrages.

Die Zweckzuwendung des Gesamtertrages von Steuern ist ein Vorgang, der im wesentlichen der Finanzgeschichte angehört. Die Blütezeit dieser Einrichtung fällt in die Perioden früherer Finanzentwicklung, in welchen der öffentliche Haushalt faktisch aus einer Anzahl von Einzelhaushalten bestand, wobei für jede Gruppe von Ausgaben auch eine bestimmte Gruppe von Einnahmen geschaffen werden mußte. Mit der Einführung der sogenannten fiskalischen Kasseneinheit, wonach grundsätzlich und rechnungsmäßig alle Einnahmen in einer einzigen Kasse zusammenfließen und von dieser Stelle aus wenigstens rechnungsmäßig alle Ausgaben bestritten wurden, vollzog sich gewissermaßen die Verschmelzung in einen einzigen großen öffentlichen Haus-

---

[3] Näheres siehe in meinem Artikel „Überweisungen im öffentlichen Haushalt" im Handwörterbuch d. Staatsw., 4. Aufl. (1928), Bd. VIII, S. 366.

halt. Wenngleich die Reste dieser Entwicklung, wie ich schon oben andeutete, in großer Anzahl noch in die Gegenwart hereinragen und in einer Reihe von Auslandstaaten und Großstadtgemeinden heute noch zu finden sind (Fondswirtschaft), so muß man doch sagen, daß im allgemeinen wenigstens das Prinzip der fiskalischen Kasseneinheit auf der ganzen Linie gesiegt hat. Das bedeutet sinngemäß, daß alle Einnahmen irgendwelcher Art, ganz gleichgültig, aus welcher Quelle sie stammen, in ein großes Reservoir fließen, aus welchem die Ausgaben ohne Rücksicht auf Art und Beschaffenheit bestritten werden. Die geschichtliche Entwicklung vollzieht sich also im Sinne einer fortschreitenden Loslösung bestimmter Ausgaben von der Gegenüberstellung zu bestimmten Einnahmen. Wie tief überkommene Einrichtungen aus der Zeit einer solchen Gegenüberstellung noch in die unmittelbare Gegenwart hereinragen, zeigt außer dem erwähnten englischen Beispiel auch die Tatsache, daß die Vereinigten Staaten von Amerika mit diesem System einer Gegenüberstellung von Einnahmen und Ausgaben in einer Anzahl von Sonderhaushalten erst vor wenigen Jahren gebrochen haben. Es ist geradezu überraschend, daß ein so großes Land erst im Jahre 1922 zur Aufstellung eines auf dem Prinzip fiskalischer Kasseneinheit beruhenden Haushaltplanes in modern-europäischem Sinne gelangt ist[4].

Man sieht also, daß in der Tat die Zweckzuwendung von Steuererträgen genau auf derselben Ebene gelegen ist, wie das von den Zuwendungen anderer Art im öffentlichen Haushalt oben ausgeführt wurde. Für beide Kategorien von Zweckbindungen ergibt sich also als gemeinsamer Hintergrund die Tatsache, daß sie durch eine gemeinsame finanzgeschichtliche Entstehungsursache verbunden sind, die noch heute zu einem gewissen Grade fortwirkt. Man erhebt also die in ihrem Ertrage zweckgebundenen Steuern nicht etwa, um sie — im Sinne der fiskalischen Kasseneinheit — in die allgemeine Staatskasse fließen zu lassen, sondern schafft gewissermaßen mit ihrer Hilfe kleine, winzige Sonderhaushalte, kleine Inseln, die neben dem geschlossenen allgemeinen Haushalt als Reste einer längst entschwundenen Vergangenheit noch in die Gegenwart hereinragen. Schon hier sei gesagt, daß überall dort, wo solche Zweckbindungen der Steuererträge heute noch bestehen,

---

[4] Vgl. Oscar Witt, Vorgeschichte und Gestaltung des Haushaltplanes der Vereinigten Staaten von Amerika (= Heft 2 der von mir herausgegebenen Finanzwiss. u. volksw. Studien). Jena 1926.

sie zwar die gleiche oder eine ähnliche Form aufweisen wie früher, daß ihnen aber eine völlig veränderte Bedeutung zukommt. Der öffentliche Haushalt der Gegenwart, auf die fiskalische Kasseneinheit aufgebaut und grundsätzlich als Bruttohaushalt ausgestaltet (wenngleich auch noch zahlreiche Reste der Netto-Etatisierung in den modernen Haushaltplan hereinragen), könnte zweifellos alle Zweckzuwendungen von Steuererträgen völlig entbehren. Finanzpolitisch von Bedeutung ist ja nur noch die Antwort auf die Frage, ob die Erfüllung eines bestimmten Zweckes als notwendig oder wünschenswert anzusehen ist. Wird diese Frage bejaht, dann scheint es gleichgültig zu sein, ob die Deckung aus allgemeinen Mitteln vorgenommen oder durch die Zuwendung des Ertrages bestimmter Steuerquellen herbeigeführt wird. Ausgaben und Einnahmen stehen sich nicht mehr gleichsam als Individuen gegenüber, sondern bilden Bestandteile einer Gattung, eines großen Ganzen. Es wird sich im Laufe der späteren Untersuchung herausstellen, daß es auch beim modernen, auf dem Prinzip fiskalischer Kasseneinheit aufgebauten Haushaltplan in einem einzigen Punkte nicht gleichgültig ist, ob man aus allgemeinen Mitteln oder aus dem Ertrage bestimmter Steuerquellen schöpft. Doch darüber später Näheres.

b) Die zweckgebundenen Zuschläge

zu verschiedenen Steuerformen sind nur eine Abart der eben geschilderten Einrichtung, und auf sie ist in sinngemäßer Weise alles anwendbar, was schon bisher gesagt worden ist. Der Unterschied besteht nur darin, daß die Steuerform an sich von Zweckzuwendungen des Ertrages verschont bleibt, und daß namentlich der obere Verband im Wege der Gesetzgebung die Zweckzuwendung dem unteren Verband nur in einer sehr beschränkten Anwendungsform gestatten will. Es dürfen in diesem Falle lediglich Zuschläge erhoben werden, bei denen der Oberverband ja auch noch die Möglichkeit hat, das Zuschlagsrecht von der Einhaltung ganz bestimmter Höchstgrenzen abhängig zu machen. Diese Form der Zweckbindung bestimmter Zuschläge findet sich namentlich in Frankreich bei den Departements und Kommunen, die Zuschläge mit spezieller Zweckbindung auf die Prinzipale der vier alten Ertragsteuern noch jetzt erheben dürfen, obwohl diese Steuerformen selbst durch die neue Reformgesetzgebung während des Krieges abgeschafft worden sind. Auch Italien hat Zuschläge auf gewisse Steuern in einer Reihe von Fällen mit verpflichtender Zweckbestimmung ausgestattet. Ganz besonders verbreitet scheint aber dieses System bei den unteren Verbänden im heutigen England und nach englischem Vorbild in den Einzelstaaten der amerikanischen Union zu sein.

c) Die Zweckzuwendung von Ertragsteilen

ist ebenfalls nur als Sonderfall der unter a) abgehandelten Vorgänge anzusehen, auf den in abgeschwächtem Sinne alles zutrifft, was dort schon ausgeführt wurde. Nicht der Gesamtertrag, sondern nur gewisse Ertragsteile sollen hier für einen bestimmten Zweck abgesondert werden. Zweckzuwendungen der letztgenannten Art sind überaus häufig und bilden praktisch den Regelfall, während die Zweckzuwendungen des Gesamtertrages heute wohl mehr die Ausnahme darstellen dürften. Mit diesen Vorgängen wird sich daher hauptsächlich auch die folgende Untersuchung beschäftigen.

Ich wiederhole und fasse zusammen: Zweckzuwendungen des Gesamtertrages oder gewisser Ertragsteile, ebenso wie Zweckbindungen von Zuschlägen sind Vorgänge, die mit dem Wesen und dem inneren Aufbau der betreffenden Steuerform nichts gemein zu haben brauchen. Die Zweckzuwendung des Steuerertrages findet sich deshalb sowohl bei den Finanzsteuern als auch bei den reinen und eingebauten Zwecksteuern, kurzum bei jeder nur denkbaren Steuerform kann sie zur Anwendung gelangen. Daraus nun, daß bei reinen oder auch bei eingebauten Zwecksteuern zur stärkeren Betonung des im Aufbau der betreffenden Steuerform ausgedrückten Zweckgedankens auch noch die Verwendung des Ertrages in ähnlichem Sinne erfolgt, ist wohl zum erheblichen Teil die Verwirrung entstanden, die auf dem behandelten Gebiete heute noch herrscht.

Es ist nun keineswegs ein notwendiges Kennzeichen der Zweckzuwendung von Steuererträgen, daß die Verwendung in einem Sinne erfolgt, der der Natur der betreffenden Steuerform entspricht. In vielen Fällen ist das zweifellos geschehen und ein Zusammenhang zwischen dem Verwendungszweck des Ertrages und dem Charakter der betreffenden Steuerform ist offensichtlich. Als Beispiel möge angeführt werden die Verwendung des Ertrages einer Kraftfahrzeugsteuer für Wegebauzwecke, einer Branntweinsteuer zur Bekämpfung der Trunksucht, einer Weinsteuer zur Förderung des Weinbaues oder der Hebung der Notlage des Winzerstandes, der sogenannten Hauszinssteuer zum Bau von neuen Wohnungen, der Wasserkraftsteuer zum Ausbau von Wasserkräften (Wien!), der Junggesellensteuer zur Fürsorgetätigkeit der „Mutterhilfe" (im faszistischen Italien!), einer Lehrlingssteuer zur Förderung des kaufmännischen und gewerblichen Unterrichtswesens (Frankreich) usw.

Auf der anderen Seite kann man eine außerordentlich große Anzahl von Beispielen dafür anführen, daß die Verwendungszwecke des Steuerertrages oder der Ertragsteile gänzlich von der betreffenden Steuerform losgelöst sind, mit der sie rein äußerlich verknüpft wurden. Die große Anzahl von Zweckbindungen des Ertrages von Steuerformen im modernen Sowjetrußland seit 1926 zeigt mit absoluter Deutlichkeit, daß eine solche Verbindung zwischen Verwendungszweck und Steuerart auch gar nicht gesucht wird, sondern daß man etattechnisch hier Bindungen vornimmt, die auf diesem Wege in besonders wirkungsvoller Weise die Erreichung des Zweckes sicherstellen sollen. Paul Haensel liefert in seinem sehr lehrreichen, soeben erschienenen Werke über die sowjetrussische Finanzpolitik eine ganze Anzahl von Nachweisen hierfür[5].

Besonders deutliche Beispiele in ähnlicher Richtung zeigt auch die Steuergesetzgebung der Einzelstaaten der amerikanischen Union. Wenn zum Beispiel Teile der Erbschaftsteuer und der Steuern auf Eisenbahngesellschaften, eine Wohnbootsteuer und die Erträge anderer Steuern dem Schulfonds überwiesen werden, wenn die Hundesteuer zum erheblichen Teil an den Polizeipensionsfonds abgeführt wird (Illinois), wenn der Staat Pennsylvania gewisse Ertragsteile der Alkoholverkaufsteuer dem Straßenbaufonds zuführte, wenn Frankreich die Erträge einer Zuschlagsteuer zur Spielsteuer (1920) für die Krebs- und Tuberkuloseforschung, zur Dotierung eines Lehrstuhls für Hydrotherapie an der Universität, zur Unterhaltung eines Laboratoriums für landwirtschaftliche Unternehmungen, sogar zur Hebung des Fremdenverkehrs, zur Verbesserung der Trinkwasserversorgung, zur Aufforstung, zu Meliorationen usw. verwendete, so ist wirklich nicht mehr einzusehen, wo noch ein Zusammenhang zwischen der Steuerart, dem Charakter der Steuer und dem Verwendungszweck ihrer Erträgnisse bestehen soll.

---

[5] Paul Haensel, Die Finanz- und Steuerverfassung der Union der sozialistischen Sowjet-Republiken (= Heft 10 der von mir herausgegebenen Finanzwiss. u. volksw. Studien). Jena 1928. S. 226 ff.

Aber auch die jüngste Finanzgesetzgebung des Deutschen Reiches bietet ein deutliches Beispiel dafür, daß die Natur der Abgabe und die Verwendung des Ertrages voneinander völlig unabhängig sein können. In dem 1925 eingeführten Gesetz über Zolländerungen, von dem weiter unten noch ausführlicher die Rede sein wird, ist bestimmt worden, daß die Reineinnahme der Zölle auf eine Reihe bestimmt festgelegter agrarischer Produkte verwendet werden soll für die Zwecke der Invalidenversicherung, zur Gewährung von Wohlfahrtsrenten und zur Förderung von wissenschaftlichen Ausbildungs= und Forschungs= instituten. Man wird hier einen Zusammenhang zwischen dem Charakter der zweckgebundenen Abgabe und dem Verwendungszweck auch beim besten Willen nicht mehr entdecken können.

Um aber die begriffliche Klarheit auch an dieser Stelle zu fördern, betone ich nochmals ausdrücklich, daß bei der reinen Zwecksteuer die Erreichung des dieser Steuer nach Aufbau und Wesen gesteckten Zieles auch durch eine in gleicher Richtung gelegene Verwendung des Ertrages gefördert werden kann. Wenn der Ertrag einer Warenhaus= steuer zur steuerlichen Entlastung kleinerer durch den Wettbewerb des Warenhauses als geschädigt erachteter Handels= und Gewerbetreibender verwendet werden soll, so ist ein Musterbeispiel dafür gegeben, daß der Zweckgedanke einer reinen Zwecksteuer verbunden werden kann mit der Zweckverwendung des Steuerertrages. Aber auch diese an einer Stelle auftretende enge Verbindung darf nicht dazu führen, den wahren Zusammenhang zu verschleiern: man darf nicht das innere Wesen einer Steuer und die Verwendung des Steuerertrages mit= einander verwechseln, sondern muß beide Dinge begrifflich scharf scharf trennen.

d) Die Zweckzuwendung von Ertragsteilen in absoluten oder relativen Zahlen.

Die Ertragszuwendung kann sich, wie wir gesehen haben, auf den Gesamtertrag oder auf gewisse Ertragsteile beziehen. Im letzteren Falle sind wieder verschiedene Möglichkeiten vorhanden, namentlich nach der Richtung, daß es sich um absolute oder um relative Zahlen handeln kann.

1. **Absolute Zahlen.** Soweit die Verwendung von absoluten Zahlen in Frage kommt, kann zunächst die Festsetzung

a) in Form von Fixzahlen vor sich gehen, wobei also zahlenmäßig genau bestimmte Beträge dem betreffenden Zweck zugeführt werden sollen. Es ist dabei an sich gleichgültig, ob man bei der Aufstellung des Haushaltes diesen Betrag in den Etat einstellt und ihn aus allgemeinen Mitteln nimmt, oder ob auch die Quelle, aus der man den Ertrag schöpft, ausdrücklich genannt wird. Lediglich die Tatsache tritt hier in den Vordergrund, daß für die Dauer des Bestehens einer solchen Zweckbindung ein solcher Betrag im Haushaltplan festgesetzt werden muß.

b) Eine zweite Form der Zuwendung in absoluten Zahlen ist gegeben, wenn man den Überschuß über eine gewisse Grenze des Ertrages mit einer Zweckbindung ausstattet. Wenn zum Beispiel bestimmt wird, daß der die Summe von 100 Millionen überschreitende Teil des Ertrages einer Steuer einem bestimmten Zweck zugeführt wird, so schwankt diese zweckgebundene Summe mit dem Steueraufkommen. Unter Umständen ist es sogar möglich, daß die Zweckwidmung ganz hinwegfällt, nämlich dann, wenn der Steuerertrag unterhalb dieser Grenze bleibt.

2. Relativzahlen. Im Falle der Festsetzung einer Zweckzuwendung in Relativzahlen wird ein bestimmt festgelegter prozentualer Anteil am Steueraufkommen dem gesetzlich bestimmten Verwendungszweck zugeführt. Es wird also zum Beispiel festgesetzt, daß die Hälfte, ein Drittel, ein Viertel, 10 % usw. des Steuerertrages dem Verwendungszweck vorbehalten sind, während der Rest in die allgemeine öffentliche Kasse fließt. Die Wirkung ist auch hier eine Verkoppelung der Zweckbindung mit der Bewegung des Steuerertrags, mit anderen Worten: alle Schwankungen in der Höhe des Steueraufkommens werden auch hier auf die zweckgebundenen Summen übertragen. Steigt der Steuerertrag, dann wachsen auch die absoluten Beträge der Zweckbindung, wenn er sinkt, so tritt natürlich das Gegenteil ein. Es wird an anderer Stelle noch davon zu handeln sein, daß sich bei diesem Verfahren unter Umständen recht unerwünschte Folgen einstellen können. Wenn eine solche Beziehung zwischen der Höhe des Ertrages und der Höhe der Zweckzuwendung künstlich geschaffen wird, so kann namentlich dort, wo die Interessen eines ganzen Standes auf dem Spiele stehen, das Gegenteil von dem erreicht werden, was man erstrebt. Wenn zum Beispiel die Erträge der Weinsteuer zu einem Drittel zur Hebung der Notlage der Winzer Verwendung finden sollen, so tritt die merkwürdige Folge zutage, daß bei verbesserter Lebenshaltung, erhöhtem Weingenuß und entsprechend

höheren Steuererträgen auch die Zuwendungen an die Winzer steigen, obwohl gerade infolge der Konjunkturverbesserung ihre Notlage wahrscheinlich erheblich verringert wird. Umgekehrt würde bei einer sinkenden Lebenshaltung wohlhabender Schichten der Bevölkerung mit einem starken Rückgang des Weinverbrauches, einer Senkung des Steuerertrages und daher auch einem entsprechenden Rückgang dieser Zuwendungen an die Winzer zu rechnen sein, gerade in einer Zeit, in der ihre wirtschaftliche Lage am meisten solcher Zuschüsse bedarf. Mit anderen Worten: diese Beziehung zwischen dem Schwanken des Steuerertrags und der Höhe der zweckgebundenen Summe durch Anwendung relativer Zahlen bewirkt, daß die absoluten Zahlen oft gerade in einer falschen Richtung gleitend sich bewegen und daß diese Maßnahmen daher zu unerwünschten Folgen führen können.

C. Die Verbreitung der Zweckzuwendungen von Steuererträgen in den einzelnen Ländern.

Die Verbreitung dieser Einrichtung in den wichtigsten Kulturstaaten zu studieren und in allen ihren denkbaren Erscheinungsformen kennen zu lernen, würde eine planmäßige und zeitraubende Untersuchung schwieriger Art erfordern, die gewissermaßen auf ein Abtasten der gesamten internationalen Steuergesetzgebung hinauskäme, und deren Ertrag wahrscheinlich nicht im richtigen Verhältnis zu den aufzuwendenden umfangreichen Vorarbeiten stehen würde. Es handelt sich für mich nur darum, in großen Zügen ein Bild der Verhältnisse in einer Reihe von Staaten zu entwerfen, bei denen sich diese Einrichtung in ausgeprägter Weise zeigt. Sowohl die Darstellung der Einrichtung in den einzelnen Staaten wie die anschließende Kennzeichnung der verschiedenen hierher gehörigen Steuerformen will nichts weiter sein als eine Skizze, die auf Vollständigkeit keinerlei Anspruch erheben darf. Sie soll lediglich eine Grundlage liefern, um die theoretischen Ergebnisse, zu denen diese Abhandlung gelangen will, entsprechend zu stützen.

a) Deutsches Reich.

Soweit die neueste Gesetzgebung des Deutschen Reiches in Frage kommt, finde ich, daß Zweckzuwendungen gegen Ende der Kriegsjahre und namentlich in der Nachkriegszeit in die Steuergesetzgebung Eingang gefunden haben. Die Landesgesetzgebung ist ja auf diesem Gebiete

so stark zurückgedrängt, daß sie sich seit der Änderung der Reichsfinanz=
verfassung und der Reichsfinanzreform seit 1919/20 kaum noch selb=
ständig bewegen kann. Sie tritt daher auch für das Studium der Zweck=
zuwendung von Steuererträgen völlig in den Hintergrund, und sie
kommt — soweit ich sehe — nur an einer Stelle, im Anschluß an die
Richtlinien der Reichsgesetzgebung zur Geltung, dort wo es sich um
die Verteilung von Steuererträgen für den Wohnungsbau handelt.
Die Reichssteuergesetzgebung zeigt gerade in der Nachkriegszeit einen
starken Einschlag, gewisse sozialpolitische und gewerbepolitische Ten=
denzen zur Geltung zu bringen.

Überblickt man die Zweckzuwendungen von Steuererträgen im
Rahmen der Reichssteuergesetzgebung nach allgemeinen Gesichts=
punkten, so ergibt sich, daß sie besonders geschaffen wurden aus gewerbe=
politischen, sozialpolitischen und sozialhygienischen Zielsetzungen heraus.

Was die gewerbepolitischen Motive betrifft, so laufen sie hinaus
auf eine Rationalisierung der von der Besteuerung betroffenen Ge=
werbezweige. Es ist nicht unwahrscheinlich, daß dabei der Grund=
gedanke leitend war, diesen Gewerbezweigen zu erhöhter Rentabilität,
zu einer Rationalisierung der Betriebsführung dadurch zu verhelfen,
daß mit wissenschaftlichen Methoden, zu deren Erforschung Teile des
Steuerertrages zur Verfügung gestellt werden, es gelingen sollte,
eine erhöhte Steuerbelastung auf dem Wege einer Betriebsrationali=
sierung wieder einzubringen. Als Beispiele nenne ich die Zuwendungen
aus den Erträgen des Branntweinmonopols zugunsten einer wissen=
schaftlichen Erforschung und praktischen Förderung des Kartoffelbaus
und der Kartoffelverwertung. In gleicher Richtung liegt die Bestim=
mung des Biersteuergesetzes von 1922, wonach ein gewisser Betrag
zur Verbesserung der Betriebseinrichtungen und zur Herbeiführung
eines zweckmäßigen Betriebes Verwendung finden solle.

Sozialpolitische Bestrebungen stehen stark im Vordergrund. Sie
kommen zum Ausdruck in der Zweckbindung von Steuererträgen zu=
gunsten der Bildung eines Unterstützungsfonds für Angestellte und
Arbeiter des Branntweingewerbes, in den Zuwendungen an die An=
stalten und Einrichtungen der freien und kirchlichen Wohlfahrtspflege,
an die Anstalten der Invalidenversicherung (Zolländerungsgesetz von
1925), in den Zweckbindungen von Steuererträgen zur Linderung der
Wohnungsnot (Wohnungsbauabgabe, Wohnungsluxussteuer, Hauszins=

steuer), ferner in der Unterstützung bestimmter Erwerbsgruppen (Weinsteuerdrittel zur Hebung der Notlage des Winzerstandes).

Namentlich im Interesse der Volksgesundheit sind damals eine Reihe von Zweckbindungen erfolgt. So hat man bei dem Branntweinsteuermonopol Beträge abgezweigt zur Ermäßigung der Kosten von weingeisthaltigen Heilmitteln für minderbemittelte Volkskreise, ferner zur Bekämpfung der Trunksucht und der die Volksgesundheit bedrohenden, mit dem Alkoholismus zusammenhängenden Schäden, insbesondere zur Bekämpfung der Tuberkulose und Geschlechtskrankheiten. Weitere Beträge wurden abgezweigt zur Verbilligung des in öffentlichen Krankenanstalten oder in Forschungs= und Lehranstalten verwendeten Branntweins.

Rechnet man dazu noch die Erträge der Kraftfahrzeugsteuer, die zum Ausbau der Straßen verwendet werden und die Teile gewisser Zolleinnahmen, die zur Förderung wissenschaftlicher Ausbildungs= und Forschungsanstalten dienen sollen, so ist wohl im wesentlichen das Gebiet der Zweckzuwendungen in der Nachkriegssteuergesetzgebung erschöpft.

Seit 1922 herrscht eine starke Tendenz, alle diese Zuwendungen zu beseitigen. Geringe Reste dieser Einrichtung haben sich erhalten, namentlich weist der Haushalt für 1926 noch einen Betrag von 1,2 Millionen zur Verbilligung des in öffentlichen Kranken=, Entbindungs= usw. Anstalten verwendeten Alkohols auf. Im übrigen hat man aber seit etwa 1922, also mitten in der Inflationszeit, mit dieser Einrichtung gebrochen. Erst 1925 begegnet uns dieses inzwischen anscheinend beseitigte Prinzip der Zweckzuwendung wiederum in dem so viel diskutierten Weinsteuerdrittel und in der Bestimmung, die im August 1925 durch die Beschlüsse des Steuerausschusses in das Gesetz über Zolländerungen Eingang gefunden hat, wonach die Reineinnahmen aus bestimmten Zöllen für gewisse Zwecke zur Verfügung gestellt werden.

b) Deutsch-Österreich.

In geringem Umfang findet sich die Einrichtung der Zweckzuwendung von Steuererträgen auch in Deutsch=Österreich.

Dem Namen nach könnte man schließen auf eine mit Zweckzuwendung ausgestattete Steuerform bei der in Deutsch=Österreich in der Nachkriegszeit (1922) erst geschaffenen sogenannten Lohn= und Für=

sorgeabgabe, die auf alle Unternehmungen gelegt ist, die mit fremden Arbeitskräften arbeiten, und die zwischen 4 und 8% schwankt. Die Schwierigkeit der Veranlagung bei land= und forstwirtschaftlichen Betrieben hat in einer Reihe von Ländern zu einer Pauschalierung in der Weise geführt, daß an Stelle einer Lohnabgabe eine erhöhte Grundsteuer tritt. Der Ertrag dieser Steuer, die neuerdings wohl als „Lohn= und Gehaltabgabe" bezeichnet wird, fließt jedoch in den allgemeinen Haushalt der Länder, die Gemeinden werden am Ertrage beteiligt. Eine Zweckzuwendung findet also bei dieser Steuerform gerade nicht statt.

In einer Reihe von Fällen sind die Ertragsteile bestimmter Steuern einem Fonds überwiesen, der zur Finanzierung bestimmter Einrichtungen dient. So werden zum Beispiel Erträge aus der Erbschaftsteuer (den sogenannten „Erbgebühren") vom Bund direkt an bestimmte Fonds abgeführt, die die Länder verwalten: an den Schulfonds, Armenfonds, Lehrerpensionsfonds usw. Tirol und Salzburg erheben einen sogenannten Landesgetreideaufschlag, eine Verbrauchsabgabe auf Mehl und Mahlprodukte, deren Ertrag zu Zwecken der Schulunterhaltung verwendet und daher auch als Schulabgabe bezeichnet wird. Es ist zu vermuten, daß sich solche Zweckzuwendungen noch in der Steuergesetzgebung der unteren Verbände in größerer Anzahl befinden; auf ihre Herausarbeitung im einzelnen wird hier kein Wert gelegt.

c) Frankreich.

Frankreich bietet eine Reihe von Beispielen dafür, daß von den Kommunen zweckgebundene Zuschläge zu gewissen Staatssteuern erhoben werden dürfen. Im allgemeinen ist die Ausbeute bei der französischen Steuergesetzgebung auf unserem Gebiete anscheinend sehr spärlich. Besonderes Interesse verdient namentlich die Zusatzsteuer auf die Erträge der Spielsteuer (Gesetz von 1920), aus deren Ertrag namhafte Summen abgezweigt werden für wissenschaftliche Untersuchungen auf dem Gebiete der Krebsforschung, der Tuberkulosebekämpfung, der Dotierung von Lehrstühlen für Hydrologie an den französischen Universitäten, der Laboratorien für landwirtschaftliche Untersuchungen und unter gewissen Voraussetzungen auch für Wohltätigkeitsinstitute, Verbesserung von Trinkwasseranlagen, Meliorationen, Aufforstungen und dergleichen mehr.

d) Die Schweiz

ist zwar das klassische Land der Ausbildung von Subventionen, hat aber auf dem Gebiete der Zweckzuwendung von Steuererträgen, von einer einzigen, gleich zu erwähnenden Ausnahme abgesehen, nicht allzuviel Bemerkenswertes aufzuweisen. Durch Bundesgesetz von 1917 wurde ein Zuschlag von 20 % auf die bisherigen Sätze der Kriegsgewinnsteuer ungeschmälert einem Fonds für Arbeitslosenfürsorge überwiesen. Ganz besondere Bedeutung besitzt die dortige Zweckzuwendung von Ertragsteilen des Branntweinmonopols, und zwar deshalb, weil in diesem Lande in einer mir vorbildlich erscheinenden Weise die Sicherung des Verwendungszweckes durchgeführt worden ist, worauf ich noch an anderer Stelle ausführlicher zurückkommen möchte.

e) Sowjetrußland.

In Sowjetrußland begegnet uns namentlich seit der Gesetzgebung des Jahres 1926 ein buntes Bild zahlreicher Zweckbindungen, die in ziemlich wahlloser Weise dort bei einer größeren Anzahl von Steuerformen vorgenommen wurden und dazu dienen sollen, die Finanzierung gewisser Einrichtungen auf diesem Wege sicherzustellen. Zum Teil ist der Verwendungszweck in engere Verbindung gebracht mit der Natur der betreffenden Steuerform; es soll also den Steuerbelasteten auf indirektem Wege doch wieder ein Teil des Steuerertrages zugeführt werden. In einer ganzen Anzahl von Fällen ist allerdings ein Zusammenhang zwischen der Natur der betreffenden Steuerform und dem Verwendungszweck ihres Ertrages oder von Teilen desselben nicht erkennbar (siehe oben S. 30). Zweckbindungen zur Finanzierung des Rundfunkwesens, Verbesserung der Floßwege, zur Bekämpfung des Analphabetentums, zum Bau von Arbeiterwohnungen, zur Förderung der Bestrebungen des Roten Kreuzes und des Roten Halbmonds, der Bekämpfung der Kinderverwahrlosung, zum Kampf gegen die Malaria, zur Subventionierung der Gesundheitsämter für Mutter- und Säuglingsschutz usw. sind nur Beispiele dafür, in welch großem Umfange diese Einrichtung der Zweckzuwendung in der neuesten sowjetrussischen Steuergesetzgebung Wurzel gefaßt hat. Ich brauche auf Einzelheiten in dieser Beziehung um so weniger einzugehen, als Paul Haensel in seinem erwähnten, gerade erschienenen Werk diese Zweckzuwendungen auf S. 226 ff. seines Werkes in übersichtlicher Weise zusammengestellt hat.

f) Übrige Länder.

Zweckzuwendungen der genannten Art finden sich in der Kommunalfinanzverfassung Englands und in ausgebreitetem Umfang namentlich auch bei den Einzelstaaten der amerikanischen Union. Insbesondere die Schulfonds werden zum nicht geringen Teil aus solchen Zwecksteuern bestritten, und der Straßenbau wird in erheblichem Umfang durch zweckgebundene Erträge aus der Kraftwagen- (insbesondere Gasolin-) Steuer finanziert.

Italien hat in einer Reihe von Fällen in Form von Zuschlägen auf bestehende Steuern solche Zweckbindungen für die erhobenen Zuschlagsprozente zur Durchführung gebracht. So zum Beispiel wurde 1908 zugunsten der durch ein Erdbeben Geschädigten ein 2%iger Zuschlag zur Grundsteuer erhoben, und während des Weltkrieges wurden Zuschlagsprozente zur Mobiliarertrags-, zur Grund- und Gebäudesteuer zugunsten der Kriegsverletzten eingeführt. Namentlich wurde auch dort der Ertrag des Chininmonopols zur Bekämpfung der Malaria verwendet[6].

Jugoslawien erhebt seit 1920 einen Zuschlag zu allen direkten Steuern als Invalidensteuer, und zwar sind diese Zuschläge nach der Höhe des Steuerbetrages derartig gestaffelt, daß sie sich zwischen 20 und 40 % bewegen. Der Ertrag wird in vollem Umfang zur Unterstützung der Kriegsinvaliden verwendet. Durch Gesetz vom 9. August 1923 wird in Höhe der genannten Invalidensteuer ein weiterer Zuschlag erhoben, dessen Ertrag zur Beschaffung von Zugtieren, Reitpferden, Fuhrwerken und Wassertransportmitteln aller Art für Heer und Marine, sowie zur Deckung der Entschädigungskosten für die zu Heereszwecken im Krieg und im Frieden requirierten Zugtiere und Transportmittel dienen sollen.

D. Die Zweckzuwendung bei den einzelnen Steuerformen.

Auch in diesem Kapitel ist keineswegs beabsichtigt, irgend etwas Vollständiges zu bieten, es sollen nur einige Steuerformen herausgegriffen und einer ausführlichen Sonderdarstellung unterworfen werden, die für die Anwendung der Zweckbindung des Ertrages besonders deutlich in Erscheinung treten.

---

[6] Flora, Manuale della Sienza della Finanze, S. 566, Note 2.

II. Die Zweckzuwendung von Steuererträgen.

Wenn man von den weniger bedeutenden Vorgängen absieht, so bleibt eigentlich nur eine geringe Anzahl von Steuerformen übrig, bei denen die Zweckzuwendung noch gegenwärtig von größerer Bedeutung ist. Ich nenne hier hauptsächlich die Kraftfahrzeugsteuer, die Getränkesteuern, die Rennwettsteuer, die Wohnungsbauabgaben und die Wasserkraftsteuer.

1. Die Kraftfahrzeugsteuer

ist die weitaus bedeutsamste unter den Steuerformen, die für das Studium des vorliegenden Problems Beachtung verdienen. Sie ist entsprechend der noch so jungen Entwicklung des Kraftwagenverkehrs eine der modernsten Schöpfungen der Steuergesetzgebung, hat aber trotz ihrer Jugend doch schon eine Reihe von Entwicklungsphasen durchgemacht und präsentiert sich heute bereits in einer Gestalt, die der steuertheoretischen Analyse nicht geringe Schwierigkeiten bietet. Nach ihrem inneren Wesen ist sie keineswegs eindeutig zu charakterisieren, weil im Unterbewußtsein der Gesetzgeber verschiedener Länder doch recht abweichende Motive sowohl bei ihrer Einführung wie bei ihrer Ausgestaltung mitschwingen. Sie ist entstanden aus einer Gebühr, die ursprünglich für die Ausstellung der Erlaubniskarte zur Erhebung gelangte, hat sich aber sehr schnell zu einer in ihren Erträgnissen rasch steigenden Steuerform zu entwickeln vermocht.

Die Verbreitung in den einzelnen Kulturstaaten zeigt diese Steuerform in einer recht verschiedenartigen Ausgestaltung. In einem Falle bezieht sie sich lediglich auf Personenfahrzeuge, im anderen Fall auch auf Lastkraftwagen; sie wählt als Bemessungsgrundlage einmal die Motorenstärke (sogenannte Steuer-P.S.), im anderen Falle das Wagengewicht (Lastkraftwagen) oder den Verkaufswert des Wagens, in anderen Fällen tritt eine Kombination dieser Bemessungsgrundlagen ein. Ganz besondere Verbreitung hat sie in der Form der Besteuerung des Betriebsstoffes (Gasolinsteuer) entweder allein oder in Verbindung mit einer anderen Form der Besteuerung des Kraftwagenverkehrs gefunden.

Sucht man ihrem inneren Wesen auf analytischem Wege näherzukommen, so ergibt sich, daß eine Reihe von Anhaltspunkten dafür gegeben sind, die auf verschiedenartige, in der Steuerform kombinierte Motive der Gesetzgeber schließen lassen. In ihr steckt einmal eine Luxusbesitzsteuer, eine direkt erhobene Aufwandsteuer, die eine be=

sonders hohe wirtschaftliche und daher auch steuerliche Leistungsfähigkeit des Eigentümers eines Kraftwagens zu erfassen sucht (Abstufung nach P.S. und nach Kaufpreis). Sie kommt in gewissem Sinne einer Lizenzabgabe, einer gewerbesteuerähnlichen Beschaffenheit nahe, dort, wo man zum Beispiel den Auto-Omnibus mit einer nach Zahl der Sitze abgestuften Abgabe belegt (England). Ihr hauptsächlicher und ihr eigentlicher Charakter, der in der modernsten Steuergesetzgebung wichtiger Kulturstaaten absolut in den Vordergrund tritt, ist aber der eines Beitrages für die Errichtung und Instandhaltung der öffentlichen Straßen. Diese Wesenseigentümlichkeit kommt namentlich zum Ausdruck in den Ländern mit einem aufs höchste gesteigerten Kraftwagenverkehr (Vereinigte Staaten von Amerika, England), wo der Ausbau eines großen Systems von Spezialstraßen gewaltige Mittel verschlingt. Aber auch dort, wo besondere Automobilstraßen in geringerem Umfang oder überhaupt nicht vorhanden sind, wird infolge des intensiv gesteigerten Nahverkehrs mit Lastkraftwagen für die Beförderung schwerer Massengüter eine so starke Abnützung des Straßenkörpers herbeigeführt, daß man die Sonderbelastung mit hohen Kraftwagensteuern für ein Gebot der ausgleichenden Gerechtigkeit hält.

Lediglich diese letztere Tatsache interessiert uns für den vorliegenden Zusammenhang. Der Kraftwagenverkehr hat ja in ganz kurzer Zeit und namentlich stärkstens beeinflußt durch die Verwendung des Kraftwagens im Weltkrieg eine unerhört rasche Entwicklung zu verzeichnen. Nicht nur der Personenverkehr von Kraftwagen in allen Groß- und Riesenstädten hat diese überraschende Steigerung erfahren, auch der Verkehr mit Lastkraftwagen ist in großartiger Weise entwickelt worden. Anfangs war der letztere allerdings nur für nahe Entfernungen rationell, namentlich deshalb, weil die Zufahrt und Abfahrt von der Eisenbahn, sowie die Umladung in andere Transportgefäße hinwegfielen, aber allmählich hat er immer mehr auch auf weitere Strecken um sich gegriffen[7]. Sogar in den Vereinigten Staaten von Amerika, wo der Verkehr mit schweren Lastkraftwagen auf den besonders vorzüglichen Automobilstraßen verboten ist, hat der leichte Lastkraftwagen

---

[7] Über diese Vorgänge unterrichteten Emil Merkert, Der Lastkraftwagenverkehr seit dem Kriege, insbesondere sein Wettbewerb und seine Zusammenarbeit mit den Schienenbahnen. Berlin 1927, sowie Robert Grimm, Eisenbahn und Auto. Schweiz. Zeitschr. f. Volksw. u. Sozialpolitik, Jahrg. 32, Bd. I (1926), S. 289 ff.

II. Die Zweckzuwendung von Steuererträgen.

sich immer weitere Gebiete zu erobern vermocht. Insbesondere ist dort ein intensiver Nachtverkehr auf Strecken von mehreren hundert Kilometern zu verzeichnen (zum Beispiel Boston—New York), der in immer wachsendem Maße die Straßen belastet. Der Kraftwagen ist ein gefährlicher Konkurrent der Eisenbahnen geworden.

Nach einer Entwicklung, die den Massenverkehr von den Straßen abgelöst und auf den Schienenweg übertragen hatte, erleben wir es jetzt, daß die Straßen als Vorbedingung für die Entfaltung eines Massenverkehrs wieder zu einer ungeahnten Bedeutung gelangen. Die Folge ist ein aus allgemeinen oder besonderen öffentlichen Mitteln zu deckender, vorher ungekannter Aufwand für die Anlegung solcher Spezialstraßen und für die Ausbesserung der namentlich durch die Lastkraftwagen stark der Abnutzung unterworfenen Landstraßen. Die Öffentlichkeit hat sich namentlich in England und in den Vereinigten Staaten in ausgiebiger Weise mit diesen Dingen beschäftigt, und es ist offensichtlich, daß hinter diesen Bestrebungen einer starken Erhöhung der Kraftwagensteuer in erster Linie die von dem Wettbewerb empfindlich bedrohten großen Eisenbahngesellschaften stehen. Aber auch in anderen Ländern hat man darauf hingewiesen, daß die Allgemeinheit in Form von außerordentlichen Lasten für den Bau und die Unterhaltung von Straßen die Kosten dafür zu tragen habe, daß namentlich den großen Unternehmungen durch den Transport schwerer Massengüter auf kürzere Entfernungen ein erheblicher privatwirtschaftlicher Vorteil an verminderten Produktionskosten entstehe. Aus diesem Zusammenhang ergibt sich die Forderung, die hohen Aufwendungen für Straßenausbesserungen durch besonders hohe Kraftwagensteuern hereinzuholen, und die weitere Forderung, die Erträgnisse dieser Steuer mit Zweckbindung zu versehen, um sie aus dem allgemeinen Haushalt auszusondern und auf diese Weise dem Verwendungszweck zu sichern.

Besonders deutlich gelangen diese Vorgänge zum Ausdruck in England, wo die Kraftwagensteuer 1909 eingeführt wurde und wo ihr Ertrag einem besonderen Fonds, dem sogenannten „Road Fund" zugeführt wird, der einzig und allein für die Instandhaltung von Straßen verwendet werden darf.

Die Tatsache, daß man in der Kraftwagensteuer auf der einen Seite eine Luxussteuer, auf der anderen Seite einen Beitrag zu der Unterhaltung der abgenutzten Straßen sieht, kommt in deutlicher Weise darin zum Ausdruck, daß von den im Jahre 1926/27 zu erwartenden 19 Millionen £ nicht weniger als 12 Millionen an den Road Fund und nur 7 Millionen an die allgemeine Finanzkasse zur beliebigen Verwendung abgeführt wurden. Nach der in dieser Beziehung überaus interessanten Budgetrede des Schatzkanzlers Churchill vom 27. April 1926 rechnete man damals sogar für die folgenden Jahre mit einem Aufkommen von 21,5 Millionen £, wobei der Road Fund für das Jahr 1926/27 bereits mit 17,5 Millionen £ dotiert war. Churchill hat in seiner damaligen Rede gerade ausgeführt, wie sehr die Lastkraftwagen auf der einen Seite dem Eisenbahnverkehr Abbruch tun, auf der anderen Seite aber die Straßen in einer vorher nie gekannten Weise zerstören und daher die Ursache zu progressiv wachsenden Lasten für die Straßenunterhaltung seien. Daher sei es nur billig, diese Fahrzeuge auch mit diesen erhöhten Kosten der Instandhaltung von Straßen zu belasten, was nur auf dem Wege einer entsprechenden Steigerung der Kraftfahrzeugsteuer geschehen könne. Nur dadurch wäre es zu verhindern, daß die schweren Kraftfahrzeuge ihre wachsende Überlegenheit gegenüber dem bestehenden Eisenbahnverkehr nicht auf einer Schädigung der Allgemeinheit aufbauen könnten.

Ich habe die Verhältnisse in England deshalb etwas genauer geschildert, weil sie am eindeutigsten und in geradezu drastischer Weise die wahre Natur der Kraftfahrzeugsteuer und die Entstehung der Zweckbindung ihres Ertrages kennzeichnen. Genau die gleichen Verhältnisse zeigen sich auch in den Einzelstaaten der Amerikanischen Union. Dort hat zwar der Bund auf eine Besteuerung des Kraftwagenverkehrs verzichtet, aber die Einzelstaaten haben sich ihrer als einer besonders einträglichen Steuerquelle mit wachsendem Erfolge bemächtigt. In New York, Pennsylvania, Ohio, Illinois zum Beispiel werden die Erträgnisse der Kraftfahrzeugsteuer zum Teil vom Staat selbst, zum Teil nach Zuwendung gewisser Ertragsteile an die lokalen Körperschaften für Wegebauzwecke verwendet.

Auch in Deutschland hat die Entwicklung der Kraftfahrzeugsteuer diesen Weg genommen. Sie ist im Jahre 1906 in Stempelform entstanden und hat eine grundlegende Neuregelung 1922, zuletzt 1927 erfahren. Nachdem ihr Ertrag seit 1922 den Ländern nach dem Verhältnis des Gebietsumfangs und der Bevölkerungszahl des Reiches zu 50% überwiesen worden war, erfolgte neuerdings (seit 14. Februar 1924) die Zuwendung der Gesamterträge an die Länder mit der Verpflichtung, mindestens die Hälfte des überwiesenen Steuerbetrages auf Wegeunterhaltung zu verwenden (Finanzausgleichsgesetz 1924, § 45). Nach dem gegenwärtigen, durch Gesetz vom 21. Mai 1926 (RGBl. I, 224) geschaffenen Zustand ist der Steuerertrag zu je einem Viertel nach der Bevölkerungszahl und dem örtlichen Aufkommen und zur Hälfte nach dem Gebietsumfang auf die einzelnen Länder zu verteilen. Die Vorschrift, wonach die Länder mindestens 50 % der ihnen überwiesenen Ertragsteile für die Wegeunterhaltung zu verwenden haben, ist geblieben.

2. Die Getränkesteuern.

Auf dem Gebiete der Getränkebesteuerung sind die Bestimmungen der Branntweinsteuer= und der Weinsteuer=Gesetzgebung besonders in den Vordergrund getreten.

An der Wiege der Branntweinsteuer=Gesetzgebung steht ja häufig genug die Tendenz, neben der Erschließung finanzieller Erträge durch eine hohe Prohibitivbesteuerung den gesundheitschädlichen Wirkungen eines häufigen Genusses von Alkohol in konzentrierter Form entgegenzutreten.

Als eine der fünf großen Verbrauchsteuern hat indessen die Branntweinsteuer bei allen großen Steuerreformen nach der Richtung eine Rolle gespielt, daß man sie zu immer weiter steigenden Erträgnissen ausbaute, wodurch der da und dort bei ihrer Begründung geltend gemachte Grundgedanke einer Bekämpfung der Trunksucht immer mehr in den Hintergrund getreten ist. Soweit die modernen Branntweinsteuergesetze noch Bestimmungen einer Zweckbindung aufzuweisen haben, beziehen sie sich meistens auf sozialhygienische Bestrebungen, bei denen allerdings die zweckgebundenen Steuererträge zur Beseitigung der Ursachen und Wirkungen eines mißbräuchlichen Alkoholgenusses Verwendung finden. So treten auch bei der deutschen Branntweinsteuer=Gesetzgebung, außer den bereits oben genannten sozialpolitischen und sozialhygienischen Bestimmungen, die Zweckzuwendungen zur Bekämpfung der Trunksucht und ihrer Ursachen namentlich in den Gesetzen von 1918 und 1922 in den Vordergrund.

In besonders scharfer Ausprägung begegnet uns aber der Gesichtspunkt, gewisse Erträgnisse der Alkoholbesteuerung zur Bekämpfung der Ursachen und Folgen des Alkoholmißbrauchs zu verwenden, in der Gesetzgebung der Schweiz. Dort hat seit einiger Zeit der Bund das Alkoholmonopol in die Hand genommen, einmal um die Alkohol=

besteuerung in sämtlichen Kantonen einheitlich durchzuführen, ganz besonders aber auch, um den verheerenden Wirkungen eines übermäßigen Branntweingenusses, besonders des mangelhaft gereinigten Kartoffelbranntweins entgegenzutreten. Anfangs hat er sogar den vollen Ertrag den Kantonen überwiesen, ihnen aber (bis 1922) die Verpflichtung auferlegt, von diesen überwiesenen Summen 10% zur Bekämpfung des Alkoholismus zu verwenden. Seit 1922 erhalten die Kantone die Reineinnahmen aus der Besteuerung des Ausschanks und des Kleinverkaufs alkoholischer Getränke und drei Fünftel des Ertrages der Steuer auf die Fabrikation, die Einfuhr und den Großverkauf von gebranntem Wasser. Seitdem haben die Kantone 15% für die Bekämpfung des Alkoholismus zu verwenden.

Besondere Beachtung hat in jüngster Zeit auf dem Gebiete der Zweckzuwendung von Steuererträgen die Weinsteuer in Deutschland gefunden, die kurz vor ihrer Abschaffung Gegenstand lebhaftester Diskussion gewesen ist. An und für sich ist auch sie eine wenig bedeutende Steuerform, aber die Vorgänge, die sich bei der Verteilung des Weinsteuerdrittels abspielten, und die Erörterungen, die sich an die Grundsätze der Verteilung anschlossen, sind für das Studium des Systems der Zweckzuwendungen wertvoll.

Schon seit 1919 wurden im Reichshaushalt jährlich bestimmte Teile des Weinsteueraufkommens ausgeschieden zur wissenschaftlichen Förderung der den Weinbau und die Weinbehandlung betreffenden Fragen, sowie zur Reblausbekämpfung. Die eigentliche Problematik entstand aber erst durch die Bestimmung des Gesetzes vom 10. August 1925, wonach ein Drittel des Ertrages der vom 1. Juli 1925 bis 30. Juni 1927 aufkommenden Weinsteuer zur Behebung der Notlage des Winzerstandes zu verwenden sei.

Die Art, wie diese Verwendung stattfand, hat nun in der Öffentlichkeit lebhafte Kritik hervorgerufen. Im Grunde war die bisher eingeschlagene Linie nicht verlassen worden, sondern man hat nur einen erweiterten Rahmen gefunden, um im Haushaltplan aus den Erträgnissen der Weinsteuer nunmehr allerdings erhebliche Beträge für ähnliche Zwecke zu sichern. Die Verwendung dieses Weinsteuerdrittels geschah nun einmal zur Schädlingsbekämpfung, zur Weinkontrolle, ferner wurden Zuwendungen an den Reichsausschuß für Weinpropaganda geleistet, und ganz besonders erhielten die notleidenden Winzer Unterstützungsgelder in erheblichem Umfang. Es macht den

Eindruck, daß namentlich die Zuwendungen letzterer Art die zum Teil sehr scharfe Kritik gegen die Methoden der Verteilung des Weinsteuerdrittels und gegen das System der Zweckzuwendung von Steuererträgen überhaupt heraufbeschworen haben. Wie die Verwendungen im einzelnen vorgenommen worden sind, ist nicht leicht festzustellen, da sie durch die einzelnen Länder geschehen ist. Erst durch eine das Aktenmaterial der Einzelstaaten verarbeitende Spezialstudie wären die genaueren Vorgänge in dieser Beziehung zu ergründen. Ich werde an anderer Stelle noch genauer auf diese Dinge einzugehen haben, dort wo es sich um die Herausarbeitung der Methoden einer Sicherstellung des Verwendungszweckes handelt. Die Weinsteuer ist inzwischen aufgehoben, die Vorgänge sind nicht mehr aktuell, aber das in dieser Beziehung geschaffene Material ist nach wie vor für das Studium der ganzen Einrichtung wertvoll.

3. Die Rennwettsteuer.

Bei ihr handelt es sich um eine der am wenigsten bedeutsamen Steuerformen, die weder nach dem Umfang ihrer Erträge, noch nach ihrem Wesen und inneren Aufbau größeres Interesse wird in Anspruch nehmen können. Allein für das Studium der Zweckzuwendungen bietet auch sie wiederum ein recht günstiges Beispiel. Sowohl in der deutschen wie in der französischen Gesetzgebung werden erhebliche Teile des Steueraufkommens im Wege der Zwecksicherung gebunden.

Schon nach dem Gesetz vom 4. Juli 1905 (§ 5) wurde die Hälfte des Ertrages der deutschen Reichsstempelabgabe von Wetteinsätzen bei Pferderennen für Zwecke der Pferdezucht bereitgestellt und zur Verwendung für diese Zwecke an die Regierungen der Einzelstaaten nach dem Verhältnis ausgezahlt, nach welchem diese Abgaben in ihrem Gebiete aufgebracht waren. Eine nur geringfügige Änderung ist durch das Reichsgesetz von 1922 vorgenommen worden, wonach der auf die Länder entfallende Anteil an diese mit der Verpflichtung überwiesen wurde, zwei Drittel im Interesse der Pferdezucht zu verwenden. Wieder anders wurde das Bild nach § 46 des Finanzausgleichsgesetzes, wonach den Ländern der volle Ertrag der Rennwettsteuer abzüglich 4% Erhebungskosten zufließt, mit der Verpflichtung, ein Drittel dieser Überweisung im Interesse der Pferdezucht zu verwenden. Hier wie bei der Weinsteuer entsteht eine gewisse Komplikation dadurch, daß die zweckgebundenen Beträge nicht einem öffentlichen Verband zufließen, sondern in private Wirtschaften geleitet werden.

Diese Tatsache verleiht der ganzen Einrichtung ein besonderes Gepräge. Hier ergibt sich Gelegenheit, die Wirkungen zu studieren, die von einer solchen Überführung öffentlicher Gelder in die private Wirtschaft zu erwarten sind. Sind die Steuerformen, die hier in Betracht kommen, gerade die Weinsteuer und namentlich die Rennwettsteuer, an sich recht unbedeutend, so zeigen sie doch die Schwierigkeit, auf dem Gesetzgebungs- und Verwaltungswege die Erreichung des Zweckes sicherzustellen. Ich komme auf diese Dinge an anderer Stelle zurück.

Was die französische Gesetzgebung betrifft, so wird dort eine Zusatzsteuer zur Rennwettsteuer (Gesetz vom 5. Juli 1920) in Höhe von 70% des Bruttoertrages der Steuereingänge von den in Paris zur Vorbereitung von Pferderennen ermächtigten Gesellschaften erhoben. Gewisse Teile des Ertrages werden verwendet zur Förderung der Viehzucht, im Interesse der Wohltätigkeit, zur Verbesserung des landwirtschaftlichen Unterrichtes, zur Herstellung von Trinkwasseranlagen, also zu Zwecken, die nur indirekt mit dem Charakter dieser Steuerform noch gewisse Beziehungen aufweisen.

4. Die Wohnungsabgaben (insbesondere die „Hauszinssteuer").

Ein besonders dankbares Kapitel in diesem Zusammenhang bieten die Wohnungsabgaben, namentlich soweit sie als reine Zwecksteuern begründet wurden und zur Verstärkung des ihnen innewohnenden Zweckgedankens noch durch eine Zweckzuwendung des Steuerertrages gebunden sind. Sämtliche hierher gehörigen Steuern im Deutschen Reiche und in einer Reihe von Auslandstaaten verdanken ihre Entstehung oder ihre Ausgestaltung in der Richtung einer Zweckbindung des Steuerertrages der Wohnungszwangswirtschaft auf der einen, den Auswirkungen der Inflation auf der anderen Seite. Die Unmöglichkeit, den Wohnungsbedarf großer Massen der Bevölkerung sicherzustellen, führte zu einer Beschlagnahmung, zu einer Rationierung des Wohnraums und zu einer gesetzlichen Fixierung der Mietpreise. Eine Lockerung der Zwangswirtschaft konnte nur in dem Maße vorgenommen werden, wie die Schaffung neuer Wohnungen fortschritt. Man versuchte daher von zwei Seiten an dieses Ziel heranzukommen: einmal durch die Freimachung großer, den Raumbedarf der Wohnungsinhaber überschreitender Wohnungen und zweitens durch die Ver-

II. Die Zweckzuwendung von Steuererträgen.

wendung des Ertrages gewisser Sondersteuern zum Zwecke des Wohnungsbaus.

Das erstere Ziel einer Freimachung der großen Wohnungen versuchte man namentlich zu erreichen durch die Begründung einer Wohnungsluxussteuer (Gesetz vom 26. Juni 1921), die durch Finanzausgleichsgesetz von 1923 den Gemeinden überwiesen wurde. Sie ist eine reine Zwecksteuer und gehört in das Gebiet der Zweckzuwendungen nur insofern, als ihr Ertrag zweckgebunden war und zur Belebung der Neubautätigkeit verwendet werden sollte. Diese Wohnungsluxussteuer ist ebenso wie die im gleichen Jahre begründete Wohnungsbauabgabe (aufgehoben durch die dritte Steuernotverordnung) durch die fortschreitende Geldentwertung völlig gegenstandslos geworden.

Als Überrest aus diesen Zeiten der Inflation und der teilweise noch gegenwärtig bestehenden Wohnungszwangswirtschaft ist nur noch die in Preußen so genannte „Hauszinssteuer" geblieben, die durch die dritte Steuernotverordnung den Ländern überwiesen und durch eine Novelle zum Finanzausgleichsgesetz vom 10. August 1925 neu geregelt worden ist. Diese Steuerform trägt in Preußen einen gänzlich irreführenden und ihren wahren Charakter geradezu verdunkelnden Namen, den man auch in den übrigen deutschen Ländern vermieden und da und dort richtiger durch die Bezeichnung „Geldentwertungs-Ausgleichssteuer" oder ähnliches ersetzt hat. Der Sinn dieser interessanten, wissenschaftlich bisher noch nicht analysierten Steuerform ist der, daß mit der Stabilisierung unserer Währung und mit Lockerung der zwangswirtschaftlichen Maßnahmen eine immer zunehmende Steigerung des Gebäudewertes erwartet werden konnte, der den Eigentümern dieser Sachwerte außerordentliche Vermögenswerte zuführte.

Man war sich dabei bewußt, daß sich diese Werterhöhungen bei den verschiedenen Gruppen von Gebäudeeigentümern verschieden auswirken mußten, daß bei den Altbesitzern dieser Gebäude es sich lediglich handelt um eine allmählich, gewissermaßen automatisch sich vollziehende Auffüllung der früheren Substanzverluste, während bei den Neuerwerbern in der Inflationszeit die durch Werterhöhung der Grundstücke entstehende Bereicherung einen gänzlich anderen Vorgang darstellt. Ihnen beiden gegenüber hat die fälschlich so genannte Hauszinssteuer keinerlei Unterschied eintreten lassen, was ja auch steuertechnisch kaum durchführbar gewesen wäre. Sie versucht einfach, die infolge dieser Werterhöhung entstehende höhere steuerliche Leistungsfähigkeit auszunutzen durch Auferlegung einer hohen Sondersteuer, die aus der durch Annäherung und sogar Überschreitung der Friedensmietpreise entstehenden höheren Erträge des Gebäudeeigentums schöpft. Es sei hier dahingestellt, wer in diesem Falle steuerlich getroffen wird, der Gebäudeeigentümer oder der Mieter. Jedenfalls handelt es sich um eine die Steigerung der Kaufkraft des Geldes erfassende Steuerform, die Alt- und Neubesitzer von Gebäuden gleichmäßig trifft. Der wirtschaftlichen Sonderstellung derjenigen Gebäudeeigentümer, die die Objekte in der Inflationszeit erworben haben und außerordentliche Wertsteigerungen buchen konnten, sucht man Rechnung zu tragen durch die Ausgestaltung der Wertzuwachssteuer, die gegenwärtig in den deutschen Ländern lediglich den Zweck hat, die durch Inflationskäufe entstandenen Grundstücksgewinne, allerdings nur soweit sie zur Realisierung gelangen, mit einer Sondersteuer vom unverdienten Wertzuwachs zu belasten.

Aus den Erträgnissen dieser sogenannten „Hauszinssteuer" soll nun durch eine Reihe von besonderen Maßnahmen der Wohnungsneubau in möglichst großem Umfange gefördert werden. Das Reich hat zu diesem Zwecke im Wege der Reichsgesetzgebung Grundsätze aufgestellt über Umfang und Art der zweckgebundenen Steuererträge. Im Anschluß an diese Grundsätze haben auch die einzelnen Länder Richtlinien erlassen, denen insofern eine entscheidende Bedeutung zukommt, als an dieser Stelle ja die Verteilung, die Überführung der Gelder in die privaten Einzelwirtschaften erfolgt. Diese Richtlinien beziehen sich namentlich auf die Förderung einer ganz bestimmten Wohnungspolitik.

5. Die Wasserkraftsteuer

ist eine Schöpfung der modernsten Steuergesetzgebung und in ihrer Struktur noch keineswegs eindeutig bestimmt. Sie gelangt in der Steuergesetzgebung einer Reihe von Staaten in immer deutlicher werdenden Konturen zum Ausdruck und auch sie bietet ein interessantes Beispiel dafür, wie zur Erreichung eines bestimmten Zweckes die Erträge einer Steuerform gebunden werden können. Diese Steuerform ist von außerordentlicher Entwicklungsfähigkeit, und sie wird vermutlich in denjenigen Staaten noch eine Rolle von zunehmender Bedeutung spielen, in denen reiche Wasserkräfte zum Ausbau zur Verfügung stehen[8].

Die Bedeutung der einzelnen Energiequellen hat sich in der Gegenwart außerordentlich verschoben und ist eigentlich fortwährend in Veränderung begriffen. Im allgemeinen wird man sagen können, daß eine immer stärker hervortretende Tendenz zu beobachten ist, die festen und flüssigen Brennstoffe soviel als möglich durch das Auffangen und die Verwertung der Kraft des fließenden Wassers zu ersetzen. Das Problem ist für die verschiedenen Länder außerordentlich verschieden gelegen und in hohem Maße abhängig von den geologischen Vorbedingungen und der physikalischen Beschaffenheit des betreffenden Landes. In kohlearmen Ländern mit reichen unausgenützten Wasserkräften wird sich das Problem anders darstellen als in Ländern mit reichem Vorkommen von festen und flüssigen Brennstoffen und verhältnismäßig geringen Mengen von Wasserkräften, die nur mit hohen Kosten nutzbar gemacht werden können.

In jedem Falle verlangt der Ausbau von Wasserkräften die Verwendung beträchtlicher Mittel, die entweder durch die öffentliche Wirtschaft zur Verfügung gestellt oder durch die Bildung von gemischtwirtschaftlichen Unternehmungen, also durch Beteiligung der öffentlichen Hand von privaten Kapitalgesellschaften aufgebracht werden müssen. In diesem Prozeß der Aufbringung von Mitteln kann nun die Erhebung einer Wasserkraftsteuer oder einer Elektrizitätsabgabe insofern eine bedeutende Rolle spielen, als die Zweckzuwendung der Steuererträgnisse die Durchführung solcher Pläne in hohem Maße zu fördern vermag. Deutliche Beispiele in dieser Richtung sind in der Landesgesetzgebung Deutsch-Österreichs zu finden. So zum Beispiel hat Wien (Gesetz vom 26. September 1922) die Eingänge aus der erhobenen Wasserkraftabgabe ausschließlich für den Ausbau von Wasserkräften bestimmt, und in Vorarlberg (Gesetz vom 2. Mai 1923) hat man die Wasserkraftabgabe ins Leben gerufen zu dem im Gesetz ausdrücklich ausgesprochenen Zweck, sich von Staats wegen mit 51% am Aktienkapital der Vorarlberger Landeselektrizitäts-Gesellschaft beteiligen zu können. Bei diesem gemischtwirtschaftlichen Unternehmen erstrebte also das Land die Majorität des Aktienbesitzes. Wenn

---

[8] Eine erstmalige Herausarbeitung der Struktur dieser wenig bekannten Steuerform habe ich versucht in meinem Artikel „Wasserkraftsteuer" im Handwörterbuch d. Staatsw., 4. Aufl., Bd. VIII (1928), S. 905.

auch ursprünglich im Gesetz ausgesprochen war, daß nach Erreichung dieses Zweckes die Steuer wieder hinwegfallen sollte, so hat eine spätere Bestimmung (4. Juli 1924) auch nach der Erfüllung dieses Zweckes die Erhebung dieser Steuer weiter verordnet, um die von der Vorarlberger Landeselektrizitäts-Gesellschaft aufgenommenen Darlehen zu tilgen oder dieser Gesellschaft für den Ausbau ihrer Werke Gelder unmittelbar zur Verfügung stellen zu können.

Weniger bedeutsam sind die Bestimmungen in der französischen Wasserkraftsteuer-Gesetzgebung, wonach ein Zehntel des dem Staate verbleibenden Anteils (zwei Drittel des Gesamtertrages der Steuer) in das Budget de l'agriculture einzustellen und zur Regulierung der Wasserläufe im Interesse der Landwirtschaft zu verwenden ist.

E. Die Sicherung des Verwendungszweckes.

Die eigentlichen Probleme, der Schwerpunkt der ganzen Vorgänge, die mit einer Zweckzuwendung von Steuererträgen überhaupt verbunden sind, liegen in der Beantwortung der Frage, auf welchem Wege die in Betracht kommenden Steuererträge oder Ertragsteile für den Verwendungszweck sichergestellt werden können. Dabei muß man sich aber von vornherein darüber klar werden, daß nach den oben geschilderten Vorgängen sehr wohl zu beachten ist, wem die Steuererträge bestimmungsgemäß zugeführt werden. In jedem Falle fließen sie durch die öffentliche Wirtschaft, sie bilden einen Ausgabeposten des Haushaltplans, sofern man nicht etwa — im Widerspruch mit den Grundsätzen des Bruttoetats — auf der Einnahmeseite den Betrag schon abzieht und die Nettosumme des Restes als zu erwartende Eingänge auf der Einnahmeseite einstellt. Aber entscheidend wichtig im vorliegenden Zusammenhange ist die Tatsache, ob die bestimmungsgemäße Verwendung im Rahmen der öffentlichen Wirtschaft selbst stattfindet oder ob die Zuwendungen direkt in die privaten Wirtschaften geleitet werden.

Ein Beispiel für den ersteren Vorgang bildet die Verwendung der Kraftfahrzeugsteuer für die Straßenunterhaltung oder den Neubau von Automobilstraßen. Das englische Vorgehen, bestimmte Teile des Steueraufkommens einem Spezialfonds, dem Road Fund, zu übertragen, ist wohl das beste Mittel, eine bestimmungsgemäße Verwendung dieser Erträge im Rahmen des öffentlichen Haushaltes sicherzustellen. Natürlich tritt auch hier der Staat mit den privaten

II. Die Zweckzuwendung von Steuererträgen.

Wirtschaften bei der Auftragserteilung und Durchführung der Arbeit in Beziehung, aber genau in derselben Weise wie bei jeder anderen, durch Zuhilfenahme privater Erwerbstätigkeit zu erfüllenden öffentlichen Aufgabe. Ob es sich dabei um den Bau einer Brücke, einer staatlichen Eisenbahnlinie, eines Monumentalgebäudes oder einer Landstraße handelt, ist grundsätzlich gleichgültig. Mißbräuchliche Verwendung von Geldern kommt nur soweit in Frage, als im Rahmen der öffentlichen Wirtschaft durch Nichteinhaltung gesetzlicher Bestimmungen pflichtwidrige Handlungen öffentlicher Organe usw. Zweckwidrigkeiten eintreten können.

Eine ganz andere Situation ergibt sich sofort, wenn es sich darum handelt, Steuererträge oder Ertragsteile als Unterstützungsgelder direkt den privaten Wirtschaften zuzuführen. Diese Dinge berühren sich aufs engste mit den Vorgängen, die als Subventionen des Staates an private Wirtschaften weiter oben in anderem Zusammenhang geschildert wurden und die besonders zum Ausdruck gelangen in Zeiten eines vorübergehenden Notstandes und in Form der Zuwendung beträchtlicher öffentlicher Mittel an die privaten Einzelwirtschaften. Hier wie dort entsteht das wichtige Problem, Vorsorge dafür zu treffen, daß bei der Verteilung die zweckmäßige und den Absichten des Gesetzgebers entsprechende Verwendung sichergestellt wird. An dieser Stelle beginnen eine Reihe von Schwierigkeiten. Hier zeigt sich die Notwendigkeit komplizierter Verwaltungsmaßnahmen, in denen geradezu der Schwerpunkt für die Erreichung des Zweckes gelegen ist.

Ich will nun versuchen, eine Reihe dieser typischen Vorgänge zu schildern, die mir als Beispiele für eine Zwecksicherung besonders kennzeichnend zu sein scheinen. Ich greife dabei zurück auf die Steuer vom bebauten Grundbesitz behufs Geldentwertungsausgleich (dritte Steuernotverordnung, § 26), die Rennwettsteuer, die Weinsteuer und die Branntweinsteuer.

Ich beginne mit der Steuer vom bebauten Grundbesitz behufs Geldentwertungsausgleich, der in Preußen fälschlich so genannten Hauszinssteuer, die eine Neuregelung durch die Novelle zum Finanzausgleichgesetz (10. August 1925) erfahren hat. Das Reich hat damals Grundsätze aufgestellt, die eine bindende Verpflichtung für die Länder enthalten, diejenigen Teile des Steuerertrags, die mindestens 15—20% der Friedensmiete entsprechen, zur Förderung der Bautätigkeit zu verwenden. Diese Verwendung darf aber nur innerhalb ganz bestimmter, im Wege dieser Grundsatzgesetzgebung aufgerichteter Grenzen geschehen, insbesondere zur Förderung von Kleinwohnungsbau für Minderbemittelte und Kinderreiche, sowie zur Erhaltung solcher Altwohnungen von Gläubigern und Sparern, welche durch die Inflation ihr Vermögen verloren haben. Die Länder sind befugt, Darlehen aus dem Steuerertrag an Unbemittelte, Kinderreiche und Schwerkriegsbeschädigte, insbesondere auch Kriegsblinde, bis zur vollen Höhe der Baukosten zu gewähren.

Dazu haben nun die Länder Richtlinien erlassen, die eine Bindung der Verwaltungsbehörden in der Richtung der Zwecksicherung herbeiführen sollen. Nach den preußischen Vorschriften dieser Art wird die Gewährung von Hypotheken auf Neubauten (sogenannte Hauszinssteuer-Hypotheken) nur für Wohnungen gewährt, die nach der Größe, Anordnung, Raumzahl, Ausstattung usw. die notwendigen Erfordernisse nicht überschreiten. Ein- und Zweifamilienhäuser mit Garten in zusammenhängenden Siedlungen sollen bevorzugt werden, und die Unterstützung wird nur gewährt für die Herstellung gesunder, zweckmäßiger Dauerwohnungen bei Anwendung einer wirtschaftlichen Bauweise. Die Finanzierung von Behelfs-, Not- und Werkswohnungen ist dabei völlig ausgeschlossen. Auf diese Weise ist also eine doppelte Zwecksicherung geschaffen: das Reich hat die Möglichkeit, im Aufsichtswege die Durchführung bei den einzelnen Ländern zu erzwingen, und die Länder selbst sind wieder imstande, auf dem Aufsichts- und Verwaltungswege alle nachgeordneten Instanzen zur Einhaltung der Richtlinien zu veranlassen und dauernd zu kontrollieren.

Was die Rennwettsteuer betrifft, so bietet sie ebenfalls interessante Beispiele für mehrere ineinandergreifende Systeme von Maßnahmen, die die Zwecksicherung garantieren sollen. Das Preußische Landwirtschaftsministerium geht zurück bis zum Ursprung, um auf dem Verwaltungswege schon eingreifen zu können: die Totalisatorerlaubnis zur Errichtung von Wettannahmestellen wird nur solchen Vereinen erteilt, welche den Interessen der Landespferdezucht — soweit diese die Zucht des Vollblutes, des Trabers und des edlen Halbblutpferdes umfaßt — durch Veranstaltung von Leistungsprüfungen dienen. Aber auch hier ist eine zweite Bindung eingeschaltet: die Leistungsprüfungen sind nach den Vorschriften des Reichsverbandes für die Zucht und Prüfung deutschen Halbblutes vorzunehmen.

Eine entscheidende Wichtigkeit erhalten diese Grundsätze aber dadurch, daß die Verwendung der Steuererträge durch Zuziehung von Organisationen erfolgt, welche ihrerseits wieder einer starken und wirksamen Kontrolle unterliegen. Beispielsweise wird das erreicht durch Zuwendung von Beträgen an die Landwirtschaftskammern in Form von Staatsbeihilfen mit der Auflage, diese Beträge für die Zwecke der Pferdezucht zu verwenden. Damit sind eine Reihe von weiteren Garantien eingeschaltet, denn nunmehr erscheinen die Beträge in dem Etat der Landwirtschaftskammer. So zum Beispiel weist der Haushaltplan der Landwirtschaftskammer Schlesien für 1926/27 Beträge auf für Besoldung von Tierzuchtbeamten, Prämien für Stuten, Fohlen und Hengste, für Leistungsprüfungen, für Ausbildung des Personals in Pferdepflege und Pferdenutzung, für Verbesserung des Hufbeschlages von zusammen 65500 Mark. Dieser Etat der Kammer muß durch die Vollversammlung und durch den Landwirtschaftsminister genehmigt werden, und die Rechnungsergebnisse werden kontrolliert, einmal durch die Innenverwaltung der Kammer selbst, durch besondere Finanzkommissionen und schließlich durch besondere Revisionen des Landwirtschaftsministers. Es scheint, daß durch diese geschilderten Maßnahmen die Zwecksicherung in einer Weise erfolgt ist, die eine mißbräuchliche Verwendung solcher öffentlichen Gelder ausschließen dürfte.

Die Weinsteuer hat am meisten Gelegenheit für die Öffentlichkeit geboten, sich mit diesen Dingen zu beschäftigen, und hinsichtlich der Verwendung ihrer Erträge, des sogenannten Weinsteuerdrittels, hat man die zweckwidrige und mißbräuchliche Verwendung solcher Steuerertragsteile in der Öffentlichkeit zu brandmarken versucht. Ich erinnere daran, daß hauptsächlich die Zuwendungen an notleidende Winzer, die neben den Aufwendungen für Schädlingsbekämpfung, für Weinkontrolle und Propagandazwecke gewährt wurden, im Mittelpunkte des Interesses standen. Auf diesem Gebiete lagen die Dinge nun weit schwieriger, als es wahrscheinlich der öffentlichen Kritik bewußt geworden ist. Die Aufstellung von Grundsätzen durch das Reich für die Verteilung dieser Ertragsteile mußte in erster Linie davon ausgehen, daß die Vorbedingungen in den einzelnen Ländern sehr verschieden gelagert sind. Sinngemäß konnten nur diejenigen Länder in Betracht kommen, die einen Weinbau aufzuweisen hatten, zugleich meldeten aber auch die Interessenten, die über Obstkulturen verfügten, also das Rohmaterial für die Herstellung von Obstmost und

Beerenwein lieferten, ebenfalls ihre Ansprüche an mit der Begründung, daß die Erträge der Weinsteuer doch zum Teil auch aus der Besteuerung des Fruchtweins herrührten, und daß in sinngemäßer Weise auch der Notlage dieser Erwerbsstände Rechnung getragen werden müßte.

Das Reich suchte auch hier wieder gewisse Garantien zu schaffen durch Aufstellung von Richtlinien, wonach Darlehen an die Weinbauländer nach Maßgabe der Weinanbaufläche gewährt wurden und den Ländern aufgegeben war, Richtlinien für die Unterverteilung zu erlassen. Dabei wurde bestimmt, daß die Kreditgewährung durch Vermittlung von Landesbanken und sonstigen geeignet erscheinenden Kreditanstalten an die Winzer zu erfolgen habe, wobei die Länder den Kreditinstituten die Einhaltung der von ihnen aufgestellten Richtlinien zur Pflicht machen sollten.

So einfach diese Bestimmungen an sich klingen und so klar sie abgrenzbar zu sein scheinen, so groß sind die Schwierigkeiten ihrer praktischen Durchführung. Schon aus den Richtlinien für die Gewährung von Hypothekarkrediten aus dem Weinsteuerdrittel, die im Anhang zum Abdruck gelangen, ergibt sich, in wie vorsorglicher Weise man hier vorzugehen versuchte, andererseits aber auch, welche Komplikationen hier berücksichtigt werden mußten, und wie schwierig es doch ist, die Gesamtheit aller möglichen Einzelfälle vorausschauend zu beurteilen.

Mit besonderer Sorgfalt sind die Richtlinien über die Gewährung von Hypothekarkrediten aus dem Weinsteuerdrittel ausgearbeitet worden. Besonders zu berücksichtigen waren danach diejenigen Weinbautreibenden, die mit laufenden Verbindlichkeiten belastet waren und die Hypothekarkredite zur Abtragung dieser laufenden Verbindlichkeiten verwendeten. Die Länder wurden angewiesen, nach vorheriger Anhörung der Organisationen des Weinbaus nähere Richtlinien über die Unterverteilung zu erlassen, deren Beachtung den Kreditinstituten zur Pflicht gemacht war. Diese Kreditinstitute haften für die bestimmungsgemäße Verzinsung und Rückzahlung der von ihnen gewährten Darlehen. Die Länder haben für die halbjährliche Abführung der Zinsen und Tilgungsbeträge an die Reichshauptkasse zu sorgen. So lange ein Bedürfnis dafür besteht, sollten die eingegangenen Zinsen und Tilgungsbeträge im Einvernehmen mit den Ländern wiederum im Interesse des Weinbaus verwendet werden. Während der Durchführung der Kreditaktion hatten die Länder dem Reichsministerium

II. Die Zweckzuwendung von Steuererträgen.

vierteljährlich zu berichten über die Anzahl der Darlehnsanträge, die erfolgten Bewilligungen und die durchschnittliche Höhe derselben.

Aus dem Gebiete der Branntweinbesteuerung interessieren hauptsächlich die Vorgänge, die in der Schweiz im Anschluß an die Verteilung des sogenannten Alkoholzehntels zu berichten sind. Die Zuweisung von 10, späterhin 15 % der den Kantonen zur Verfügung gestellten Ertragsanteile des Alkoholmonopols geschieht nach den Vorschriften der Schweizerischen Bundesverfassung vom 29. Mai 1874 (Art. 32, Abs. 4) in der Weise, daß die Kantone mindestens 10 % zur Bekämpfung des Alkoholismus in seinen Ursachen und Wirkungen zu verwenden haben. Wenn auch die Art der Verwendung den einzelnen Kantonen völlig freigestellt war, so hat der Bund doch in wirkungsvoller Weise die Zweckzuwendung dadurch gesichert, daß in jedem Jahr die Kantonsregierungen an den Bundesrat Berichte zu erstatten haben, die, in einem Gesamtbericht zusammengefaßt, der Bundesversammlung am Ende des Jahres gedruckt vorzulegen sind[9]. Überblickt man diese Berichte, so sieht man, daß die einzelnen Kantone in sehr verschiedenartiger Weise versuchten, der Zweckbestimmung Ausdruck zu verleihen. Milliet, der damalige Direktor der Eidgenössischen Alkoholverwaltung, berichtete im Jahre 1905[10], daß einige der Kantone relativ hohe Fonds zur Verwendung in irgendeiner Richtung angelegt hatten, andere wieder einseitig den Aufwand gegen die Wirkungen des Alkohols betonten, während die Verfassung ja auch die Bekämpfung der Ursachen des Alkoholismus vorschrieb. Wenngleich auch der Bund keine Befugnis hatte, den Kantonen hinsichtlich der Verwendung dieser zweckgebundenen Beträge Vorschriften zu machen, so hat er doch auf anderem Wege die Sicherung des Verwendungszweckes tiefgreifend beeinflußt. Das Eidgenössische Departement des Innern hat im Jahre 1902 eine Expertenkommission einberufen zur Begutachtung der Frage, für welche Zwecke das Alkoholzehntel verfassungsmäßig verwendet werden dürfe[11].

---

[9] Bundesgesetz über gebrannte Wasser vom 29. Juni 1900, Artikel 23, dazu Vollziehungsgesetz vom 24. Dezember 1900, Artikel 78.

[10] Handwörterbuch der schweizerischen Volkswirtschaft, Sozialpolitik und Verwaltung, II. Bd., 1905, S. 169 ff. Artikel „Geistige Getränke" von E. W. Milliet.

[11] Vgl. zum Folgenden Burckhardt: Kommentar der schweizerischen Bundesverfassung vom 29. Mai 1874, 2. Aufl., Bern 1914, S. 289 ff. (Artikel 32 der Verfassung.)

In erster Linie hat diese Kommission als solche Zwecke bezeichnet:
1. Erziehung, Schutz und Besserung der Jugend (Versorgung verwahrloster Knaben und jugendlicher Verbrecher in entsprechenden Anstalten, Fürsorge für aufsichtslose Kinder, Knaben- und Mädchenhorte usw.),
2. Versorgung armer Irrer in Heilanstalten und die Unterstützung ihrer Angehörigen,
3. Hebung der Volksernährung durch Gründung und Unterstützung von Konsumvereinen, Volksküchen und Speiseanstalten,
4. Versorgung armer Schulkinder mit kräftiger Nahrung und Unterstützung der Ferienkolonien,
5. Belehrung des Volkes über die verheerenden Wirkungen des Alkoholismus und über die wohltätigen Folgen der Mäßigkeit und Sparsamkeit sowie Verbreitung guter Schriften und Gründung und Unterstützung von Lesesälen,
6. Gründung und Unterstützung von Trinkerheilanstalten,
7. Unterstützung von Mäßigkeitsvereinen.

Erst in zweiter Linie sollen in Frage kommen: Zuwendungen an Zwangs- und Besserungsanstalten, Unterstützung entlassener Sträflinge und Naturalverpflegung armer Durchreisender. Im Falle der Nichterfüllung der Verfassungsvorschriften kann der Bund Maßregeln ergreifen, namentlich dem betreffenden Kanton die fernere Zuweisung solcher Ertragsteile verweigern.

In wie eingehender Weise sich der Bund die Durchführung dieser Verfassungsbestimmung des Artikel 32 angelegen sein läßt, ergibt sich aus den dem Bunde jährlich erstatteten ausführlichen Berichten, namentlich demjenigen für das Jahr 1924[12]. Man ersieht daraus, daß eine Reihe von Kantonen nicht nur den vollen Ertragsanteil für diese Zwecke verwenden, sondern aus eigenen Mitteln noch bedeutende Mehraufwendungen machen. Aus diesen Berichten geht hervor, daß namhafte Beträge im Sinne der von der Kommission ausgearbeiteten Richtlinien verteilt worden sind zur Versorgung armer, schwachsinniger und verwahrloster Kinder und jugendlicher Verbrecher, für die Forderung der

---

[12] Berichte der Kantone über die Verwendung der zur Bekämpfung des Alkoholismus bestimmten 10% ihrer Einnahmen aus dem Reinertrag des Eidgenössischen Alkoholmonopols für 1924. 34. Vorlage des Bundesrats an die Bundesversammlung vom 26. Januar 1926. (Bundesblatt Nr. 5 vom 3. Februar 1926.) Ein Teil dieses Berichtes ist in den Anlagen IIb zur vorliegenden Abhandlung unten S. 74ff. von mir abgedruckt.

Mäßigkeit und für die Bekämpfung des Alkoholismus im allgemeinen, für Trinkerheilanstalten, für Irrenanstalten und Irrenversorgung, für Zwangsarbeits- und Korrektionsanstalten, für die Hebung der Volksernährung, für die Unterstützung entlassener Arbeitshäusler und Sträflinge, für die Hebung der allgemeinen Volksbildung oder Berufsbildung und für eine ganze Reihe ähnlicher Zwecke mehr. Trotz alledem werden in der Öffentlichkeit vielfach über das Erreichte hinaus noch weitergehende Forderungen von Privatpersonen und Körperschaften erhoben, die im Kampfe gegen den Alkoholismus stehen und ihre vermeintlichen Ansprüche, die mehr moralischer als rechtlicher Natur sind, auf eine weitergehende Subvention auch an die Bundesregierung richten. Zwar sind eine Reihe von Reformplänen in der Öffentlichkeit diskutiert worden, im allgemeinen kann man aber sagen, daß durch eine solche Aufstellung von Grundsätzen, durch jährliche ins einzelne gehende und der breitesten Öffentlichkeit zugänglich gemachte Berichte die Sicherung der in Frage kommenden Steuererträge für den Verwendungszweck in hohem Maße verwirklicht wird.

F. Die Beurteilung der Zweckzuwendung von Steuererträgen.

Die vorstehenden Betrachtungen haben wohl zur Genüge dargetan, daß die Verwendung des Ertrages, ohne Rücksicht auf den Charakter und das innere Wesen einer Steuer, eine etattechnische Angelegenheit ist, ein Vorgang, der bei der Aufstellung des Haushaltplanes die in Frage kommenden Organe in irgendeiner Weise gesetzlich bindet. Es ist dabei ein erheblicher Unterschied, ob der Staat selbst die Abzweigung vornimmt und die Beträge an die Empfangsberechtigten weiterleitet, oder ob er die Ertragsanteile einem anderen öffentlichen Gemeinwesen mit verpflichtender Zweckzuwendung überweist. Ich bezeichne diesen ersteren Vorgang als das direkte, den letztgenannten als das indirekte Verfahren. Beide verdienen ihrem Wesen und ihrer Wirkung nach eine besondere Betrachtung.

a) Das direkte Verfahren.

Wenn das öffentliche Gemeinwesen durch irgendeine Verfassungsbestimmung, ein Steuergesetz oder eine gesetzliche Bestimmung anderer Art verpflichtet wird, aus dem Ertrage einer Steuer bestimmte absolute oder relativ festgesetzte Anteile einem bestimmten Zweck zu überweisen, so ist damit weiter nichts gesagt, als daß, solange diese gesetzliche Bestimmung besteht, ein solcher Posten als Ausgabe in den Haushaltplan aufzunehmen ist. Irgendwelche parlamentarische Bewilligung ist dabei nicht erforderlich. Es ist auch anscheinend ganz gleichgültig, ob man sich auf den Standpunkt stellt, daß die meinetwegen aus dem Ertrag der Kraftfahrzeugsteuer abzusondernden 100 Millionen Mark aus allgemeinen Mitteln oder aus dem Ertrag dieser Steuer zu entnehmen sind. Im modernen Haushaltplan spielt das keine Rolle; ein sachlicher Unterschied ist nur in dem einen, allerdings sehr wichtigen Punkte gegeben, daß die Einstellung des Postens auf einer gesetzlichen Verpflichtung beruht und daher aus der Diskussion über die Bewilligung des Haushaltplanes ausscheidet. Dieser Vorgang hat dann noch geringere Bedeutung, wenn, wie das zum Beispiel in England der Fall ist, jährlich die Einnahmen und Ausgaben sowohl wie die Steuergesetze durch ein spezielles Finanzgesetz bestimmt werden, die gesetzliche Bindung also ohnedies gewissermaßen nur für ein Jahr gegeben ist. Ob man im englischen Haushaltplan beispielsweise sagt, daß von dem Aufkommen von 21½ Millionen £ der Kraftfahrzeugsteuer 15 Millionen dem Wegebaufonds zugeführt werden und die übrigen Teile in die allgemeine Staatskasse fließen, oder ob man die Beträge der erwarteten Einnahmen in den Haushalt einstellt und aus allgemeinen Mitteln diese Zuwendung an den Road Fund vornimmt, ist der Wirkung nach anscheinend gleichgültig.

Aber trotzdem ist es ein sachlicher Unterschied von nicht geringer Bedeutung, ob man aus zweckgebundenen Ertragsquellen oder aus dem allgemeinen Haushalt schöpft. Abgesehen davon, daß die Zweckzuwendung von Steuererträgen für die Dauer der gesetzlichen Bestimmung zur Einstellung eines solchen Postens in den Haushaltplan verpflichtet, ist noch ein zweiter Gesichtspunkt zu beachten. Es ist ganz gewiß, daß in vielen Fällen bei der parlamentarischen Behandlung des Haushaltplanes wie bei dem Erlaß von Steuergesetzen die Zuwendungen im Zusammenhang, in unmittelbarer Verbindung mit der Konstruktion des Steuergesetzes, viel leichter durchzubringen sind als losgelöst von diesem Zusammenhang. Es ist psychologisch wohl begreiflich, daß namentlich bei starken Erhöhungen der Steuersätze und daher zu erwartenden erheblichen Mehrerträgen die gesetzgebenden Organe zu größerer Gebefreudigkeit geneigt sind, als wenn ein Posten gleicher Art als Ausgabe, losgelöst von diesem Zusammenhang und

II. Die Zweckzuwendung von Steuererträgen.

selbständig im Haushaltplan erscheint. Werden doch in den meisten Fällen einer Zweckzuwendung von Steuererträgen verhältnismäßig geringe Teile des zu erwartenden Gesamtertrages abgezweigt und dem betreffenden Zweck zugeführt. Ist das einmal geschehen, ist das Steuergesetz eben in dieser Form zustande gekommen, dann entsteht ein gewisser Beharrungszustand, an dem man nicht so ohne weiteres rütteln wird, namentlich wenn nicht zwingende Gründe oder etwa nachgewiesene grobe Mißbräuche zu einer Änderung Veranlassung geben.

Diese Zweckbindung durch eine Verfassungsbestimmung, ein Steuergesetz oder eine gesetzliche Vorschrift anderer Art wirkt sich nun praktisch doch in einer wichtigen Weise aus bei der Aufstellung des Haushaltplanes. Bei der parlamentarischen Behandlung des Haushaltplanes ist für die Ausbalancierung von Einnahmen und Ausgaben eine andere Kommission zuständig als für die Durchberatung von Steuergesetzen. Zwar werden in den parlamentarisch regierten Ländern — abgesehen von England, wo ja die Verhältnisse besonders eigenartig liegen — die Steuerkommissionen wie die Haushaltkommissionen von denselben politischen Parteien entsprechend der Stärke ihrer Fraktionen beschickt, aber die Zuständigkeit beider Kommissionen ist doch eine recht verschiedene, ihre Interessenbereiche gehen stellenweise weit auseinander. Die Steuerkommission entscheidet bei dem Erlaß eines Steuergesetzes in einer Weise, die die Haushaltkommission infolge einer Zweckzuwendung von Steuererträgen bindet, falls die Beschlüsse der Steuerkommission zum Gesetz erhoben werden. Im Steuerausschuß, namentlich bei den Verhältnissen, wie wir sie im Deutschen Reich der Nachkriegszeit haben, sind die Interessentenverbände in starker Weise an der Gestaltung der Steuergesetze beteiligt, sie versuchen oft sogar in einer wenig angebrachten Form ihren Einfluß geltend zu machen. Namentlich im Zusammenhang mit den Vorschlägen einer Erhöhung der Steuersätze machen die Interessenten häufig mit Erfolg ihre Zustimmung abhängig von der Leistung einer Gegengabe, von der Abzweigung möglichst großer Teile des Steuerertrages im Sinne einer Zweckbindung. Im Steuerausschuß, wo so ganz andere Interessen vertreten sind, werden auch die Widerstände gegen Zweckwidmungen größeren Umfangs aus den Steuererträgen, also der Verankerung solcher den Haushaltausschuß bindenden Posten in den Steuergesetzen am geringsten sein.

Ganz anders liegen nun die Dinge, sobald die Tätigkeit des Haus=

haltausschusses einsetzt. Er ist gewissermaßen die übergeordnete Instanz. Bei ihm ist das Gefühl der Verantwortung für die Ausbalancierung des Haushaltes am stärksten entwickelt, bei ihm treten die Widerstände gegen alle das zulässige Maß überschreitenden Anforderungen am wirkungsvollsten hervor. Der Steuerausschuß hat, obwohl er von den gleichen Parteien beschickt ist, ganz andere Interessen, er hat vor allen Dingen keine Verantwortung für die Herstellung des Gleichgewichts im Gesamthaushalt. Ihm schwebt ein ganz anderer Komplex von Fragen vor. In ihm sind Persönlichkeiten vertreten, die eben in anderer Richtung denken. Von diesem Standpunkt aus betrachtet kann man es wohl verstehen, daß sich noch während der Inflation eine starke Tendenz im Deutschen Reich durchsetzte, mit solchen in den Steuergesetzen verankerten Zweckzuwendungen nach Möglichkeit aufzuräumen. Ich wiederhole, daß diese Einrichtungen ja geschwunden waren bis auf den geringen Rest bei der Verwendung der Branntweinmonopolerträgnisse, daß aber neuerdings, seit dem Jahre 1925, eine rückläufige Bewegung einsetzte, die durch die Zweckzuwendungen bei der Weinsteuer und gewissen Zollerträgnissen in Erscheinung trat.

Da nun im Plenum fast ausschließlich entschieden wird nach den Vorschlägen der Ausschüsse, weil in diesen ja die einzelnen Parteien entsprechend der Stärke ihrer Fraktionen vertreten sind, wird die Zweckzuwendung zum Kampfobjekt zwischen dem Haushalt- und dem Steuerausschuß. Es ist zwar nicht notwendig mit dieser Einrichtung verbunden, aber immerhin besteht hier die nicht unbedenkliche Gefahr einer parlamentarischen Korruption, die die Zweckzuwendungen zum Handelsobjekt gestaltet und ihre Bewilligung abhängig macht von Zugeständnissen der Gegenpartei in einer Richtung, die mit den Erfordernissen des Haushaltes in keinerlei Beziehung steht.

Ein besonders interessantes Beispiel dieser Art scheint mir das Gesetz über Zolländerungen vom August 1925 zu bieten, in welchem auf Beschluß des 21. Ausschusses in § 6 eine Zweckzuwendung eigentümlicher Natur als Kompromiß zwischen den kämpfenden Parteien zustande gekommen ist. Dort heißt es, daß die Reineinnahmen aus Zöllen auf Roggen, Weizen und Spelz, Rindvieh, Schafe und Schweine, Fleisch, Schweinespeck und Mehl zu verwenden sind:

1. für Zwecke der Invalidenversicherung,
2. zur Gewährung von Wohlfahrtsrenten an Anstalten und Einrichtungen der freien und kirchlichen Wohlfahrtspflege,

3. für Anstalten und Einrichtungen zur Förderung wissenschaftlicher Ausbildung und Forschung.

Dazu sind aus den vom Kommissar für die verwendeten Einnahmen zurücküberwiesenen Beträgen an verpfändeten Abgaben von 1926 bis 1935 jährlich 40 Millionen zum Zwecke der Invalidenversicherung und 10 Millionen zur Gewährung von Wohlfahrtsrenten an die entsprechenden Anstalten in den ordentlichen Haushalt einzustellen. Damit ist auf 10 Jahre hinaus für den Haushaltausschuß eine Bindung geschaffen, und es ist über den Betrag der Einnahmen an bestimmten Zöllen auf diese Weise schon im Voraus verfügt.

b) Das indirekte Verfahren.

Als indirektes Verfahren bezeichnete ich den Vorgang, bei welchem durch die Verfassung, durch ein Steuergesetz, ein Finanzverfassungsgesetz usw. vorgeschrieben wird, daß bestimmte Erträge oder Ertragsteile einer Steuer an andere im Rang nachstehenden öffentlichen Verbänden mit verpflichtender Zweckbestimmung überwiesen werden. Hier werden in erfolgreicher Weise die nachgeordneten Verbände gebunden, Staatsaufgaben in der Weise zu erfüllen, wie es der Wille des oberen Verbandes vorschreibt. Damit ist ein ganzes System von Kontrollmöglichkeiten eingeschaltet, die normalerweise gegeben sind durch die staatsrechtlichen Beziehungen zwischen übergeordneten und nachgeordneten öffentlichen Gemeinwesen. In der Notwendigkeit der Etatisierung dieser zugewendeten Summen hat zum Beispiel der Bundesstaat die Möglichkeit, bei den Einzelstaaten wegen der Bundesaufsicht nach dem Rechten zu sehen. Aus den Gesetzen und Verordnungen, den Durchführungsbestimmungen, den Richtlinien dieser nachgeordneten Verbände ist ersichtlich, ob und in welcher Weise zum Beispiel der Einzelstaat seinen Verpflichtungen nachkommt, ob er wirklich die ihm zugewendeten Beträge im Sinne der vom Bund aufgestellten Grundsätze verwendet, usw.

Aber auch hier öffnet sich wieder eine Gefahrenquelle, die nun für beide Fälle besteht, für Zweckzuwendungen nach dem direkten wie nach dem indirekten Verfahren, nämlich dann, wenn diese zweckgebundenen Erträge oder Ertragsteile nicht im öffentlichen Haushalt verwendet, sondern in die privaten Wirtschaften geleitet werden sollen. Sobald diese Beträge aus der öffentlichen Wirtschaft heraustreten, beginnt ja die Schwierigkeit, weitere Garantien zu schaffen für die Sicherung des Verwendungszweckes. Die öffentliche Wirtschaft muß Beziehungen aufsuchen, Anknüpfungspunkte herstellen, da sie nicht direkt mit der Gesamtheit aller Einzelwirtschaften in Verbindung treten kann. Handelt es sich, wie zum Beispiel bei der Weinsteuer, um Zuwendungen an bestimmte Erwerbsgruppen, so ist die öffentliche Wirtschaft eben darauf angewiesen, sich der Vermittlung von Verbänden, von Spitzenorganisationen zu bedienen, die als vermittelnde Instanz zwischen der öffentlichen Wirtschaft und den privaten Einzelwirtschaften unentbehrlich sind.

Damit entsteht natürlich die Gefahr bei der Verwendung solcher Beträge, daß zwar der vorgeschriebene Rahmen eingehalten wird, die Verwendung der Beträge aber doch dem Sinn und letzten Zweck der Maßnahmen zuwiderläuft und das Gewollte vielleicht gerade ins Gegenteil verkehrt werden kann. Aber diese Gefahr teilen ja die Zweckzuwendungen von Steuererträgen schließlich mit allen Zuwendungen aus öffentlichen Mitteln überhaupt, die in die private Wirtschaft geleitet werden, namentlich mit den staatlich gewährten Subventionen an private Wirtschaften, die zur Beseitigung eines vorübergehenden Notstandes dienen sollen. Bei allen diesen Vorgängen werden vielfach Zweifel eintreten an dem Sinn und Zweck der in Aussicht genommenen Maßnahmen zuwiderläuft und das Gewollte vielleicht gerade ins nach unten, also von der staatlichen nach der privaten Wirtschaft zu, sondern umgekehrt, gewissermaßen von unten nach oben betrachtet. Man wird hier häufig genug finden, daß eben trotz aller Vorsichtsmaßregeln und subtilen Verwaltungsbestimmungen das geschaffene Sicherungsnetz doch nicht engmaschig genug ist, daß diejenigen, denen der Segen wirklich zugedacht war, teilweise leer ausgehen, während anderen vielleicht unverdiente Geschenke geradezu in den Schoß geschüttet werden. Diese Dinge erklären sich nicht etwa durch eine unzulängliche Verwaltungsmaßnahme, sondern in erster Linie daraus, daß eben die Mithilfe von Organisationen, von Verbänden der privaten Wirtschaften als vermittelnde Organe unentbehrlich ist. In diesen Verbänden, die teilweise ausführende Organe der Finanzverwaltung werden, herrschen starke Interessentengruppen, deren Einfluß für die Auffindung geeigneter Verteilungsschlüssel, also für die Anwendung der letzten Maßstäbe bei der Verteilung entscheidend sind.

Aber auch ein anderes Bedenken gegenüber der Einrichtung einer

II. Die Zweckzuwendung von Steuererträgen.

Zweckbindung von Steuererträgen verdient aufmerksame Beachtung. Die Sicherstellung des Gesamtertrages oder gewisser Ertragsteile, sei es im direkten oder im indirekten Verfahren, macht in der Regel die Erfüllung des erstrebten Zweckes abhängig von dem zufälligen Ertrag der betreffenden Steuerquellen. Eine Ausnahme ist nur dann gegeben, wenn absolute Beträge mit dieser Zweckbindung versehen werden und wenn diese durch wirkliche Steuereingänge voll gedeckt sind. Aber in allen anderen Fällen kann entweder mehr oder weniger eingehen, als der Zweck erfordert. Das kann unter Umständen zu einer unwirtschaftlichen Verwendung auf der einen oder einer Gefährdung des angestrebten Zweckes auf der anderen Seite führen.

Die hier geäußerten Bedenken sind aber jedenfalls nicht ausreichend, um das ganze Verfahren einer Zweckzuwendung von Steuererträgen in Bausch und Bogen zu verurteilen, wie das in der Öffentlichkeit da und dort geschehen ist. Es wird noch viel genauerer Untersuchungen bedürfen, ehe in dieser Beziehung das letzte Wort gesprochen werden kann. Zweifellos bietet namentlich das Verfahren der indirekten Zweckzuwendungen auch Vorzüge genug, die ein tiefer eindringendes Studium dieser Probleme rechtfertigen. Erwägt man zum Beispiel, welch starke Veränderungen im Haushaltplan der deutschen Einzelstaaten in der Nachkriegszeit vor sich gegangen sind, und in welch hohem Maße die Verknappung öffentlicher Mittel zu Einschränkungen zwingt, so wird man vielleicht die Frage erheben können, ob es nicht vielleicht angezeigt wäre, von seiten des Reiches im Wege der Zweckwidmung von Steuererträgen einzugreifen.

Aus der Fülle von Beispielen greife ich nur eines heraus. Der in der Nachkriegszeit eingetretene finanzielle Zusammenbruch und die verheerenden Wirkungen der Inflation haben zur Einschränkung von Ausgaben auch dort geführt, wo sie für die Gesamtentwicklung einer großen Nation sich am allerschlimmsten auswirken müssen: bei der Kulturpolitik, die ja auch nach der neuen Reichsverfassung in hohem Grade in die Hände der deutschen Einzelstaaten gelegt ist. Es macht nicht den Eindruck, als ob in allen diesen Staaten die Erkenntnis dafür wachgeblieben sei, daß die Pflege geistiger Güter, die Erfüllung kulturpolitischer Aufgaben gerade in Zeiten niedergehender Staatsentwicklung mit vermehrter Anstrengung aufgenommen werden müssen. Die Tendenz, bei Verkümmerung der Einnahmequellen oder bei einer nicht genügenden Steigerungsfähigkeit derselben im entsprechenden

Ausmaß eine Verknappung aller Ausgabeposten eintreten zu lassen, ist ein Vorgang, der zu einem automatischen Verfahren, zu einer Anwendung mißverstandener finanzpolitischer Grundsätze führt und sich in der Entwicklung großer Nationen bitter rächen wird. Zeiten der Not sind die hohe Schule für die Entfaltung von Persönlichkeiten, für die Stärkung der Energie, für die Entfaltung von Intelligenzen. Mit verdoppelter Kraft und vermehrten Anstrengungen wird eine weit ausschauende Kulturpolitik gerade hier einsetzen und bei zunehmender Verknappung der Mittel nicht ohne weiteres an den Kulturausgaben schematische Abstriche machen dürfen, sondern vielleicht gerade an dieser Stelle energisch aufbauen müssen.

Eine solche einheitliche kulturpolitische Zielsetzung kann aber von Bundes wegen vielleicht nicht besser gefördert werden als durch die Ausstattung der Steuerüberweisungen mit Zweckbindungen. Auf diese Weise könnte zum Beispiel das Reich in erheblichem Sinne und in wirkungsvoller Weise die Kulturpolitik der Einzelstaaten in eine bestimmte Richtung lenken, ohne die Selbständigkeit der Länder in ihren kulturpolitischen Bestrebungen irgendwie zu stören und zu beeinflussen. Auf diese Weise würde der Kulturpolitik der einzelnen Länder eine größere Stetigkeit und den für ihre Durchführung verantwortlichen Stellen eine vermehrte Selbständigkeit verliehen, die sie bei entscheidend wichtigen Aufgaben unabhängiger macht von den oft rasch wechselnden Anschauungen der Parlamente und von den bei Kabinettswechsel eintretenden Personalveränderungen in den Landesministerien. Durch die Auferlegung der Pflicht, bestimmte Teile der durch den Finanzausgleich überwiesenen Steuererträge — in absoluten oder relativen Zahlen ausgedrückt — für bestimmte kulturpolitische Zwecke zu verwenden, könnte ein Ansporn für die Länder entstehen, im gegenseitigen Wettbewerb Höchstleistungen auf diesem Gebiete zu entfalten, die im Interesse einer Hochzüchtung von Intelligenzen liegen und der Ausbildung einer großen Anzahl von Führern und Unterführern den Weg bereiten. Indessen sollen alle diese Erwägungen ja nur ein Beispiel dafür bieten, daß dem Problem der Zweckzuwendung von Steuererträgen eine große Beachtung gebührt, daß man es nicht unter Geißelung einzelner zweifellos möglicher Mißstände in Bausch und Bogen verurteilen darf, sondern daß es wohl geeignet erscheint, der Verwirklichung wichtiger staatspolitischer Aufgaben und hoher Ziele näherzukommen.

Anlagen.

Vorbemerkungen.

Die hier gebotenen Materialien sollen einen Einblick gewähren in die technische Durchführung der Zweckzuwendung von Steuererträgen. Durch ihre Zusammenstellung in einem Anhang konnte der Text von allem entbehrlichen Beiwerk entlastet und die Herausarbeitung der theoretischen Gesichtspunkte stärker betont werden.

Im Abschnitt I dieser Anlagen wird den Vorgängen innerhalb der Reichssteuergesetzgebung und der Einstellung der betreffenden Posten in den Reichshaushaltplan besondere Beachtung geschenkt. Aus den gesetzlichen Bestimmungen allein läßt sich ein richtiges Bild nicht gewinnen, erst ihre Gegenüberstellung mit den im Haushaltplan nachgewiesenen Posten zeigt den episodenhaften Charakter der Zweckzuwendung von Steuererträgen im Deutschen Reich. Die Höherentwicklung dieser Einrichtung in den Nachkriegs-, insbesondere den Inflationsjahren und die Tendenz ihrer Rückbildung nach erfolgter Stabilisierung der Währung ist unverkennbar.

Der Abschnitt II will typische Beispiele dafür bieten, in welcher Weise die Sicherung der Zweckzuwendung technisch durchgeführt werden kann. Als besonders lehrreich können die von der Schweiz gewählten Methoden bezeichnet werden, durch Aufstellung gewisser Richtlinien für die Verwendung der zweckgebundenen Ertragsteile, eingehende Berichterstattung der Kantone an den Bund und weitgehende Publizität der erstatteten Berichte tiefgreifenden Einfluß auszuüben. Um diese Vorzüge deutlich werden zu lassen, ist hier aus der Gesamtheit aller von den Kantonen gelieferten Berichte der vom Kanton Zürich erstattete Bericht herausgegriffen und vollständig zum Abdruck gebracht worden. Dieser Grundsatz, der breiten Öffentlichkeit Rechenschaft zu geben über die Art der Mittelverwendung dürfte sich auch für andere Länder empfehlen.

Die Wiedergabe der Richtlinien für die Gewährung hypothekarisch gesicherter Darlehen aus den Erträgnissen der Weinsteuer (sog. „Weinsteuer-Drittel") und der preußischen Richtlinien für die Verwendung gewisser Ertragsteile der „Hauszinssteuer" zum Wohnungsbau läßt erkennen, welche Schwierigkeiten zu überwinden sind, um die bestimmungsgemäße Verwendung solcher zweckgebundenen Mittel in Einzelfällen sicherzustellen.

I. Die Zweckzuwendungen in der Reichssteuergesetzgebung und im Reichshaushaltplan von 1918—1926.

1. Branntweinmonopol.

A. Gesetzliche Grundlagen.

Gesetz v. 26. Juli 1918, § 258 (RGBl. S. 948).

"Aufwendungen für Wohlfahrts= und Wirtschaftszwecke."

"Aus der Monopoleinnahme sind jährlich: 1. vier Millionen Mark zur Bekämpfung der Trunksucht und ihrer Ursachen, sowie zur Milderung der durch die Trunksucht herbeigeführten Schäden, 2. zwei Millionen Mark zur wissenschaftlichen Erforschung und praktischen Förderung des Kartoffelbaus und der Kartoffelverwertung, 3. bis zu sechzehn Millionen Mark zur Ermäßigung der Kosten der weingeisthaltigen Heilmittel für die minderbemittelten Volkskreise, wovon den Krankenkassen (§ 225 der Reichsversicherungsordnung) und knappschaftlichen Krankenkassen für jedes Mitglied und Jahr mindestens 60 Pfennige als Rückvergütung zu gewähren sind,

dem Reichskanzler zur Verfügung zu stellen. Die Beträge sind in den Reichshaushaltplan einzustellen."

Gesetz v. 20. April 1927, § 118 (RGBl. I S. 427).

"Aus der Monopoleinnahme sind jährlich dem Reichsminister der Finanzen zur Verfügung zu stellen: 1. zwanzig Millionen Mark zur Bekämpfung der Trunksucht und zehn Millionen Mark zur Bekämpfung solcher der Volksgesundheit drohender Schäden, die mit dem Alkoholismus zusammenhängen, insbesondere zur Bekämpfung von Tuberkulose und Geschlechtskrankheiten, 2. achtzehn Millionen Mark zur wissenschaftlichen Erforschung und praktischen Förderung des Kartoffelbaues und der Kartoffelverwertung, deren Verteilung unter Zuziehung von Sachverständigen zu erfolgen hat, 3. bis zu fünfunddreißig Millionen Mark zur Ermäßigung der Kosten der weingeisthaltigen Heilmittel für die minderbemittelten Volkskreise, wovon den Krankenkassen (§ 225 der Reichsversicherungsordnung) und den knappschaftlichen Krankenkassen sowie den Krankenkassen der selbständigen Handwerker und Gewerbetreibenden für jedes Mitglied und Jahr mindestens 1 Mark 50 Pfennige als Rückvergütung zu gewähren sind. Ersatzkassen (§§ 503 ff. der Reichsversicherungsordnung) werden den sogenannten Krankenkassen bezüglich ihrer versicherungspflichtigen Mitglieder gleichgestellt. Aus dem Betrage von fünfunddreißig Millionen Mark sind auch die Kosten der Verteilung unter die Krankenkassen zu bestreiten, 4. bis zum 30. September 1929 vier Millionen Mark zur Bildung eines Unterstützungsfonds für Angestellte und Arbeiter des Branntweingewerbes, über dessen Verwaltung und Verteilung der Reichsminister der Finanzen zusammen mit den gesetzlichen und gewerkschaftlichen

I. Zweckzuwendungen i. d. Reichssteuergesetzgeb. u. i. Reichshaushaltplan 1918—26. 69

Vertretungen der Angestellten und Arbeiter auf Grund gemeinschaftlich zu vereinbarender Richtlinien bestimmt, 5. bis zu vierzig Millionen Mark zur Verbilligung des in öffentlichen Kranken-, Entbindungs- und der öffentlichen Gesundheitspflege dienenden Anstalten oder in öffentlichen wissenschaftlichen Lehr- und Forschungsanstalten verwendeten Branntweins.

Die Beträge sind in den Reichshaushaltplan einzustellen."

Gesetz v. 9. Dezember 1922: Einziger Artikel (RGBl. Bd. I, S. 913).

In § 118 des Gesetzes wird: a) in Ziffer 1 das Wort „zwanzig" durch „fünfundsiebzig", das Wort „zehn" durch „fünfundsiebzig", b) in Ziffer 2 das Wort „achtzehn" durch „neunzig", c) in Ziffer 3 zweimal das Wort „fünfunddreißig" durch „hundertfünfundsiebzig", die Worte „1 Mark 50 Pfennige" durch „7 Mark 50 Pfennige", d) in Ziffer 4 das Wort „vier" durch „zwanzig", e) in Ziffer 5 das Wort „vierzig" durch „zweihundert" ersetzt.

Verordnung v. 13. Februar 1924: Art. II (RGBl. I, S. 68).

„Der § 118 des Gesetzes über das Branntweinmonopol vom 8. April 1922 (RGBl. I, S. 405) und 15. Februar 1923 (RGBl. I, S. 151) erhält folgende Fassung: Aus der Monopoleinnahme sind dem Reichsminister der Finanzen jährlich bis zu fünfhunderttausend Goldmark zur Verbilligung des in öffentlichen Kranken-, Entbindungs- und der öffentlichen Gesundheitspflege dienenden Anstalten oder in öffentlichen wissenschaftlichen Lehr- und Forschungsanstalten verwendeten Branntweins zur Verfügung zu stellen.

Der Reichsminister der Finanzen wird ermächtigt, den Betrag der Veränderung der Branntweinverkaufspreise und des Verbrauchs anzupassen.

Die Mittel sind in den Reichshaushaltplan einzustellen."

B. Zweckzuwendung von Monopolerträgen im Reichshaushaltplan 1918—1926:

1. zur Bekämpfung der Trunksucht, ihrer Ursachen und zur Milderung der durch sie bewirkten Schäden:

im Haushaltjahr 1919	2 000 000 Mark,
im Haushaltjahr 1920	4 000 000 Mark,
im Haushaltjahr 1921	4 000 000 Mark,
im Haushaltjahr 1922	27 833 333 Mark,
im Haushaltjahr 1923	150 000 000 Mark.

2. zur wissenschaftlichen Erforschung und praktischen Förderung des Kartoffelbaues und der Kartoffelverwertung:

im Haushaltjahr 1919	1 000 000 Mark,
im Haushaltjahr 1920	2 000 000 Mark,
im Haushaltjahr 1921	2 000 000 Mark,
im Haushaltjahr 1922	16 666 667 Mark,
im Haushaltjahr 1923	90 000 000 Mark.

3. zur Ermäßigung der Kosten weingeisthaltiger Heilmittel für die minderbemittelten Volkskreise:

im Haushaltjahr 1919	8 000 000 Mark,
im Haushaltjahr 1920	16 000 000 Mark,
im Haushaltjahr 1921	16 000 000 Mark,
im Haushaltjahr 1922	33 416 666 Mark,
im Haushaltjahr 1923	175 000 000 Mark.

4. zur Bildung eines Unterstützungsfonds für Angestellte und Arbeiter des Branntweingewerbes:

im Haushaltjahr 1922	3 666 667 Mark,
im Haushaltjahr 1923	20 000 000 Mark.

5. zur Verbilligung des in öffentlichen Kranken-, Entbindungs- und der öffentlichen Gesundheitspflege dienenden Anstalten und in öffentlichen Lehr- und Forschungsanstalten verwendeten Branntweins:

für das Rechnungsjahr 1922	36 666 667 Mark,
für das Rechnungsjahr 1923	200 000 000 Mark,
für das Rechnungsjahr 1924	500 000 Goldmark,
für das Rechnungsjahr 1925	600 000 Goldmark,
für das Rechnungsjahr 1926	1 200 000 Goldmark.

2. Biersteuer.

A. Gesetzliche Grundlagen:

Biersteuergesetz v. 26. Juli 1918, § 67 (RGBl. S. 883).

„Zur technischen und wissenschaftlichen Förderung des Braugewerbes darf aus der Biersteuereinnahme ein Betrag bis zur Höhe von einhunderttausend Mark für jedes Rechnungsjahr nach näherer Bestimmung des Bundesrates verwendet werden.

Ein weiterer Betrag bis zur Höhe von dreihunderttausend Mark für jedes Rechnungsjahr kann nach näherer Bestimmung des Bundesrates für Verbesserungen der Betriebseinrichtungen und zur Herbeiführung eines zweckmäßigen Betriebs kleinerer Brauereien gewährt werden."

Gesetz betr. Erhöhung einzelner Verbrauchssteuern (= Anlage 7 zum Gesetz über Änderungen im Finanzwesen vom 8. April 1922. RGBl. I, S. 382).

Das Biersteuergesetz v. 26. Juli 1918 (RGBl. S. 863) wird wie folgt geändert: „...Im § 67 ist zu setzen: im Abs. 1 statt „130 000 Mark" „1 Million Mark".

§ 67 Abs. 2 erhält folgende Fassung: „Ein weiterer Betrag bis zur Höhe von einer Million Mark für jedes Rechnungsjahr kann nach näherer Bestimmung des Reichsministers der Finanzen zur Verbesserung der Betriebseinrichtungen und zur Herbeiführung eines zweckmäßigen Betriebs, sowie überhaupt zur Förderung des braugewerblichen Mittelstandes gewährt werden."

I. Zweckzuwendungen i. d. Reichssteuergesetzgeb. u. i. Reichshaushaltplan 1918—26.

In § 67 wird folgender Abs. 3 angefügt: „Der Reichsminister der Finanzen wird ermächtigt, mit Zustimmung des Reichsrats die in Abs. 1 und 2 vorgesehenen Beträge im Bedarfsfalle zu erhöhen."

B. Zweckzuwendungen von Biersteuererträgen im Reichshaushaltplan 1918—1923:

1. zur technischen und wissenschaftlichen Förderung des Braugewerbes:

im Haushaltjahr 1918	30 000 Mark,
im Haushaltjahr 1919	100 000 Mark,
im Haushaltjahr 1920	130 000 Mark,
im Haushaltjahr 1921	130 000 Mark,
im Haushaltjahr 1922	9 275 000 Mark,
im Haushaltjahr 1923	1 000 000 Mark.

2. zur Verbesserung der Betriebseinrichtungen und zur Herbeiführung eines zweckmäßigen Betriebes in kleineren Brauereien:

im Rechnungsjahr 1919	300 000 Mark,
im Rechnungsjahr 1920	400 000 Mark,
im Rechnungsjahr 1921	400 000 Mark,
im Rechnungsjahr 1922	950 000 Mark,
im Rechnungsjahr 1923	1 000 000 Mark.

3. Tabaksteuer.

A. Gesetzliche Grundlagen:

Tabaksteuergesetz v. 12. September 1919, § 84 (RGBl. S. 1693).

„Zur Förderung des Tabakbaues darf aus der Tabaksteuereinnahme alljährlich ein Betrag bis zur Höhe von 300 000 Mark nach näherer Bestimmung des Reichsetats verwendet werden."

B. Zweckzuwendung aus den Tabaksteuererträgen im Reichshaushaltplan 1920—1923:

im Haushaltjahr 1920	300 000 Mark,
im Haushaltjahr 1921	300 000 Mark,
im Haushaltjahr 1922	300 000 Mark,
im Haushaltjahr 1923	300 000 Mark.

4. Weinsteuer.

A. Gesetzliche Grundlagen:

a) Weinsteuergesetz v. 26. Juli 1918, § 51 (RGBl. S. 846).

„Zur wissenschaftlichen Förderung der den Weinbau und die Weinbehandlung betreffenden Fragen darf aus der Weinsteuereinnahme ein Betrag bis zur Höhe von dreihunderttausend Mark für das Jahr nach näherer Bestimmung des Bundesrates verwendet werden.

Die Art der Verwendung des Betrages ist dem Reichstag nachzuweisen."

b) Gesetz zur Änderung von Verbrauchsteuern v. 10. August 1925, Art. I: Weinsteuer. B. Übergangsvorschrift (RGBl. I, S. 250).

„Ein Drittel des Ertrages der in der Zeit vom 1. Juli 1925 bis zum 30. Juni 1927 aufkommenden Weinsteuer ist zur Behebung der Not des Winzerstandes zu verwenden."

B. Zweckzuwendung von Weinsteuererträgen im Reichshaushaltplan 1919—1923:

1. zur wissenschaftlichen Förderung der den Weinbau und die Weinbehandlung betreffenden Fragen:

im Haushaltjahr 1919	300 000 Mark,
im Haushaltjahr 1920	300 000 Mark,
im Haushaltjahr 1921	300 000 Mark,
im Haushaltjahr 1922	2 775 000 Mark,
im Haushaltjahr 1923	3 000 000 Mark.

2. zur Durchführung der Reblausbekämpfung:

im Haushaltjahr 1922	2 750 000 Mark,
im Haushaltjahr 1923	3 000 000 Mark.

5. Zölle.

A. Gesetzliche Grundlagen:

Gesetz über Zolländerungen v. 17. August 1925, § 7 (RGBl. I, S. 263).

„Die Reineinnahmen aus den Zöllen auf Roggen, Weizen und Spelz, Rindvieh, Schafe, Schweine, Fleisch, Schweinespeck und Mehl (Nrn. 1, 2, 103, 104, 106, 108, 109 und 162 des Zolltarifs) sind für Zwecke der Invalidenversicherung und zur Gewährung von Wohlfahrtsrenten an Anstalten und Einrichtungen der freien und kirchlichen (Art. 137 der Reichsverfassung) Wohlfahrtspflege, die Aufgaben der öffentlichen Wohlfahrtspflege erfüllen, sowie Anstalten und Einrichtungen zur Förderung wissenschaftlicher Ausbildung und Forschung zu verwenden. Hierzu sind aus den von dem Kommissar für die verpfändeten Einnahmen zurücküberwiesenen Beträgen an verpfändeten Abgaben alljährlich vom 1. April 1926 ab bis zum 31. März 1935 40 Millionen RM für Zwecke der Invalidenversicherung und vom 1. April 1926 bis zum 31. März 1941 10 Millionen RM zur Gewährung von Wohlfahrtsrenten an die vorbezeichneten Anstalten in den ordentlichen Haushalt bei den fortdauernden Ausgaben einzustellen."

B. Zweckzuwendung von Zollerträgen im Reichshaushaltplan 1926:

1. an Anstalten und Einrichtungen der freien und kirchlichen Wohlfahrtspflege	7 500 000 Mark,
2. an Anstalten und Einrichtungen zur Förderung wissenschaftlicher Ausbildung und Forschung	2 500 000 Mark,
3. Aufwendungen für Zwecke der Invalidenversicherung	40 000 000 Mark.

I. Zweckzuwendungen i. d. Reichssteuergesetzgeb. u. i. Reichshaushaltplan 1918—26. 73

6. Geldentwertungsausgleich bei bebauten Grundstücken („Hauszinssteuer").

Durch § 26 der III. Steuernotverordnung vom 14. Februar 1924 ist diese Steuer den Ländern überlassen. Durch das Gesetz über Änderungen des Finanzausgleichs zwischen Reich, Ländern und Gemeinden vom 10. August 1925 (RGBl. I, S. 256) erhält der § 26 folgende Fassung:

(4) „Soweit die Steuer nicht gemäß Absatz 3 der Deckung des allgemeinen Finanzbedarfs vorbehalten ist, ist sie zur Förderung der Bautätigkeit auf dem Gebiete des Wohnungswesens zu verwenden. Für diese Zwecke müssen zunächst in den zwei Jahren vom 1. April 1926 bis 31. März 1926 vor Inanspruchnahme gemäß Absatz 3, Satz 2, jährlich mindestens 15—20 vom Hundert der Friedensmiete — unbeschadet der Vorschrift des § 29 — zur Verfügung gestellt werden; für die spätere Zeit wird der Mindestsatz für diese Zwecke von der Reichsregierung mit Zustimmung des Reichsrats festgesetzt..."

(5) „Das Aufkommen für den Wohnungsbau ist insbesondere zum Bau von Kleinwohnungen für die minderbemittelte Bevölkerung und kinderreiche Familien sowie zur Erhaltung dieser Art Altwohnungen zu verwenden. Desgleichen sind solche Gläubiger und Sparer zu berücksichtigen, welche durch die Inflation ihr Vermögen verloren haben."

(6) „Aus dem für den Wohnungsbau zu verwendenden Teil der Steuer können die Länder Darlehen an unbemittelte kinderreiche Familien und an Schwerkriegsbeschädigte, insbesondere auch an Kriegsblinde, bis zur vollen Höhe der Baukosten gewähren."

II. Beispiele für die Sicherung des Verwendungszwecks.

1. Das schweizerische Alkoholzehntel.

A. Gesetzliche Grundlagen:

a) Schweizer. Bundesverfassung v. 29. Mai 1874, Art. 32: „Die Reineinnahmen des Bundes aus der inländischen Fabrikation und aus dem entsprechenden Zollzuschlag auf eingeführte gebrannte Wasser werden unter die sämtlichen Kantone nach Verhältnis der durch die jeweilige letzte eidgenössische Volkszählung ermittelten faktischen Bevölkerung verteilt. Von den daherigen Einnahmen haben die Kantone wenigstens 10% zur Bekämpfung des Alkoholismus in seinen Ursachen und Wirkungen zu verwenden."

b) Bundesgesetz über gebrannte Wasser v. 29. Juni 1900, Art. 23: „Die Kantonsregierungen haben über die Verwendung der verfassungsgemäß zur Bekämpfung des Alkoholismus bestimmten 10% ihrer Reineinnahmen jedes Jahr an den Bundesrat Bericht zu erstatten, und es sind die Berichte mit den sich darauf beziehenden bundesrätlichen Anträgen der Bundesversammlung gedruckt vorzulegen."

c) **Vollziehungsverordnung** zum vorstehenden Gesetz v. 24. Dezember 1900, Art. 78: „Die Kantonsregierungen haben über die Verwendung der verfassungsgemäß zur Bekämpfung des Alkoholismus bestimmten 10% ihrer Reineinnahmen jedes Jahr spätestens Ende August nach den vom Bundesrat festgesetzten einheitlichen Rubriken an den letzteren Bericht zu erstatten.

Die bezüglichen Vernehmlassungen sind mit den sich darauf beziehenden bundesrätlichen Anträgen in einem Gesamtberichte der Bundesversammlung im Dezember jedes Jahres gedruckt vorzulegen[1].

B. **Bericht des Kantons Zürich v. 16. Juli 1925 an das eidgenössische Finanzdepartement über die Verwendung des Alkoholzehntels für 1924**[2].

„Über die Verwendung der 107 000 Fr. gibt nachfolgende Zusammenstellung Aufschluß. Dieselbe ist, wie seit Jahren, nach den Rubriken angefertigt, welche der Bundesrat in seiner Berichterstattung an die Bundesversammlung zu beobachten pflegt.

I. **Für Trinkerheilanstalten oder für die Unterbringung in solchen:**

1. Trinkerheilstätte Ellikon. Beitrag für 5852 Pflegetage von 34 versorgten Kantonsangehörigen, à Fr. 1.50 . . . . . 8 778.— Fr.
2. Heilstätte für alkoholkranke Wehrmänner „Götschihof" im Augsteltal. Für 2644 Pflegetage von 20 zürcherischen Wehrmännern, à 80 Rp. . . . . . . 2 115.20 Fr.
3. Pension Sonderflüh, Sarnen, Obwalden. Für 351 Pflegetage eines zürcherischen Pfleglings, à 80 Rp. . . . . . 280.80 Fr.
4. Für Unterbringung almosengenössischer oder sonst bedürftiger Kantonsangehöriger in Trinkerheilstätten:
   a) vom 12. Juli bis 31. Dezember 1924 . . . . 2 350. — Fr.
   b) vom 1. Januar bis 25. Juni 1925 . . . . . 1 416.— Fr.

   14 990.— Fr.

   abzüglich Rückerstattung eines Beitrages 182.50 Fr.

   14 757.50 Fr.

II. **Für Zwangsarbeits- und Korrektionsanstalten oder für die Unterbringung in solchen.**

---

[1] Eingehende Darstellung des Sachverhalts bei W. Burckhardt, Kommentar zur schweiz. Bundesverfassung v. 29. Mai 1874, 2. Aufl. Bern 1914. S. 289 ff.

[2] Entnommen dem Sammelbericht „Berichte der Kantone über die Verwendung der zur Bekämpfung des Alkoholismus bestimmten 10% ihrer Einnahmen aus dem Reinertrag des eidgenössischen Alkoholmonopols für 1924. 34. Vorlage des Bundesrates an die Bundesversammlung (vom 26. Januar 1926).

II. Beispiele für die Sicherung des Verwendungszwecks. 75

Die Beiträge für Detinierte in Korrektionsanstalten werden nunmehr aus dem ordentlichen Kredite der Direktion des Armenwesens geleistet.

III. Für Irrenanstalten oder für Irrenversorgung.

Es sind schon seit Jahren keine Beiträge mehr für diesen Zweck geleistet worden.

IV. Für Epileptiker-, Taubstummen- und Blindenanstalten oder für die Unterbringung in solchen.

Die schweizerische Anstalt für Epileptische in Zürich 8 wird nunmehr aus dem ordentlichen Kredite der Direktion des Gesundheitswesens unterstützt.

Die Beiträge an die Fürsorge für Taubstumme und Blinde werden aus dem ordentlichen Kredit der Erziehungsdirektion geleistet.

V. Für Krankenversorgung im allgemeinen.

Die bis 1917 unter diesem Titel unterstützten Institutionen erhalten Beiträge aus dem ordentlichen Kredite des Gesundheitswesens.

VI. Für Versorgung armer, schwachsinniger und verwahrloster Kinder oder jugendlicher Verbrecher.

A. Anstalten und Heime.

5. Kellersche Anstalt für schwachsinnige Mädchen in Goldbach-Küsnacht	800.— Fr.
6. Kommission für Kinderversorgung im Bezirk Winterthur (mit Anstalt Räterschen)	1 500.— Fr.
7. Mädchenheim „Tannenhof", Zürich 6	1 000.— Fr.
8. Schweizerische Erziehungsanstalt für katholische Mädchen in Richterswil	1 000.— Fr.
9. Stiftung Albisbrunn	3 000.— Fr.
10. „Sunnehalde", Heim für schwachbegabte Mädchen in Unter-Langenhar	500.— Fr.
11. Verein für gute Versorgung armer Kostkinder	200.— Fr.
12. Unterstützungen zur Versorgung zürcherischer Kinder in Familienheimen	1 280.— Fr.

B. Kinderkrippen:

13. Zürich (Sektion Zürich des Gemeinnützigen Frauenvereins). Beitrag an 6 Krippen mit 40 900 Pflegetagen	4 090.— Fr.
14. Wollishofen-Zürich, 1 Krippe mit 4 000 Pflegetagen	400.— Fr.
15. Orlikon, 1 Krippe mit 11 200 Pflegetagen	1 120.— Fr.
16. Horgen, 1 Krippe mit 7 300 Pflegetagen	730.— Fr.
17. Richterswil, 1 Krippe mit 4 600 Pflegetagen	460.— Fr.
18. Thalwil, 1 Krippe mit 10 400 Pflegetagen	1 040.— Fr.
19. Wädenswil, 1 Krippe mit 8 100 Pflegetagen	810.— Fr.
20. Männedorf, 1 Krippe mit 3 100 Pflegetagen	310.— Fr.
21. Winterthur, 1 Krippe mit 5 600 Pflegetagen	560.— Fr.
22. C. Jugendamt und Bezirksjugendkommission	6 000.— Fr.
	24 800.— Fr.

VII. **Für Speisung usw. von Schulkindern und für Ferienkolonien.**
Diese Institutionen werden ausschließlich aus dem ordentlichen Kredite der Erziehungsdirektion unterstützt.

VIII. **Für Hebung der Volksernährung und der Volksgesundheit im allgemeinen.**

23. Burschenklub Aufstieg, Zürich 4	500.— Fr.
24. Ferien und Zürich	1 000.— Fr.
25. Ferienheim „Casoja"	500.— Fr.
26. Jugendgemeinschaft Industriequartier, Zürich 5	500.— Fr.
	2 500.— Fr.

IX. **Für Naturalverpflegung armer Durchreisender.**
Die Unterstützung erfolgt seit Jahren aus dem ordentlichen Kredite der Direktion der Volkswirtschaft.

X. **Für Unterstützung entlassener Arbeitshäusler und Sträflinge oder Arbeitsloser.**

27. Arbeiterkolonie für die Ostschweiz in Herdern. Beitrag für 5472 Pflegetage von 49 versorgten Kantonsangehörigen, à 40 Rp.	2 188.80 Fr.
28. Genossenschaft Arbeitsheim Rotzloch, Nidwalden. Beitrag für 1680 Pflegetage von 8 versorgten Kantonsangehörigen, à 40 Rp.	672.— Fr.
	2 860.80 Fr.

XI. **Für Hebung allgemeiner Volksbildung oder der Berufsbildung.**

A. Öffentliche Lesesäle: Beiträge an den Betrieb.

29. Pestalozzi-Gesellschaft der Stadt Zürich	13 000.— Fr.
30. Öffentliche Lesesäle in Winterthur	1 100.— Fr.
31. Öffentlicher Lesesaal in Oerlikon	150.— Fr.
32. Lesestube Höngg	100.— Fr.
33. Lesezimmer Horgen	100.— Fr.
34. Lesezimmer Richterswil	150.— Fr.
35. Lesezimmer Thalwil	140.— Fr.
36. Lesezimmer Wädenswil	140.— Fr.
37. Lesezimmer Küsnacht	80.— Fr.
38. Lesezimmer Meilen	80.— Fr.
39. Lesezimmer Stäfa	50.— Fr.
40. Lesezimmer Wald	80.— Fr.
41. Lesezimmer Uster	80.— Fr.
42. Lesezimmer Pfäffikon	50.— Fr.
43. Lesezimmer Veltheim	150.— Fr.

B. Für Bekämpfung unsittlicher Literatur.

44. Kommunaler Verein für sittliches Volksrecht	50.— Fr.
	15 500.— Fr.

II. Beispiele für die Sicherung des Verwendungszwecks.

XII. Für Armenversorgung im allgemeinen.

Die bis 1917 unter diesem Titel unterstützten Institutionen erhalten nunmehr Beiträge aus dem ordentlichen Kredite der Direktion des Gesundheitswesens.

XIII. Für Förderung der Mäßigkeit und für Bekämpfung des Alkoholismus im allgemeinen.

45. Dem „Verband der Abstinentenvereine des Kantons Zürich" angeschlossene Vereine: a) Kantonalverband vom Blauen Kreuz; b) Neutraler Guttemplerorden; c) Allianz-Abstinentenbund; d) Alkoholgegnerbund; e) Katholische Abstinentenliga; f) Sozialistischer Abstinentenbund; g) Verein abstinenter Lehrer und Lehrerinnen; h) Bund abstinenter Frauen; i) Schweizerischer Verein abstinenter Eisenbahner; k) Abstinentia (Abstinentenverein des Post-, Zoll-, Telephon- und Telegraphenpersonals); l) Sobrietas; m) Abstinenten-Schützenverein Zürich; n) Alt-Industria Winterthur; o) Abstinenten-Turnverein Zürich; p) Abstinenten-Verband der Stadt Zürich; q) Abstinenten-Verband der Stadt Winterthur; r) Verein abstinenter Radfahrer; s) Verein abstinenter Arbeiter; t) Abstinenten-Verband Zürichsee, rechtes Ufer; u) Abstinenten-Verband des Kantons Zürich. Totalbeitrag . . . . 30 881.70 Fr.

Vom Ausschuß befürwortete Beitragsgesuche:

46. Züricherische Fürsorgestelle für Alkoholkranke . . . . . 3 000.— Fr.
47. Fürsorgestelle für Alkoholkranke in Winterthur . . . . 500.— Fr.
48. Fürsorgestelle für Alkoholkranke in Wädenswil . . . . 300.— Fr.
49. Fürsorgestelle für Alkoholkranke in Rüti-Dürnten-Bubikon . 500.— Fr.
50. Fürsorgestelle für Alkoholkranke in Meilen - Ütikon - Männedorf-Stäfa . . . . 400.— Fr.
51. Fürsorgestelle für Alkoholkranke in Horgen . . . . . . 300.— Fr.
52. Schweizerische Zentralstelle zur Bekämpfung des Alkoholismus, Lausanne . . . . 2 000.— Fr.
53. Schweizerische Stiftung zur Förderung von Gemeindestuben und Gemeindehäusern . . . . 500.— Fr.
54. Alkoholfreie Herbergen zur Heimat in Zürich . . . . . 500.— Fr.
55. Blaukreuz-Verein Zürich-Außersihl . . . . 300.— Fr.
56. Blaukreuz-Verein Winterthur . . . . 500.— Fr.
57. Blaukreuz-Verein Winterthur-Seen . . . . 500.— Fr.
58. Genossenschaft Soldatenheim und Vereinshaus in Bülach . 500.— Fr.

11 800.— Fr.

Weitere Gesuchsteller:

59. Züricher Frauenverein für alkoholfreie Wirtschaften: teilweise Rückerstattung der Patentgebühren für seine 13 Wirtschaften . . . . 500.— Fr.
60. Frauenverein für alkoholfreie Wirtschaften in Winterthur: teilweise Rückerstattung der Patentgebühren für zwei Wirtschaften . . . . 100.— Fr.

300.— Fr.

Übertrag: 300.— Fr.
61. Gemeindestube Winterthur-Töß: teilweise Rückerstattung der Patentgebühren . . . . 100.— Fr.
62. Volkshausverein Wald: teilweise Rückerstattung der Patentgebühr für eine alkoholfreie Wirtschaft . . . . 100.— Fr.
63. Gemeindestube Regensdorf: Beitrag an den Betrieb . . . 100.— Fr.
64. Fußballklub Young Fellows Zürich: Zur Erleichterung der Bauschuld unter der Bedingung, daß das Büfett auf dem Sportplatz „Förrlibuck" alkoholfrei bleibt . . . . . . 2 000.— Fr.
65. Volkshausstiftung Zürich: Beitrag an den Betrieb . . . 500.— Fr.
66. Nationaler Verband gegen die Schnapsgefahr, Jahresbeitrag 500.— Fr.
<u></u>3 900.— Fr.

Zusammenzug der Beiträge:

I. Für Trinkerheilanstalten oder für die Unterbringung in solchen . . . . 14 757.50 Fr.
VI. Für Versorgung armer schwachsinniger und verwahrloster Kinder oder jugendlicher Verbrecher . . . . . 24 800.— Fr.
VIII. Für Hebung der Volksernährung und der Volksgesundheit im allgemeinen . . . . 2 500.— Fr.
X. Für Unterstützung entlassener Arbeitshäusler und Sträflinge oder Arbeitsloser . . . . 2 860.80 Fr.
XI. Für Hebung allgemeiner Volksbildung oder der Berufsbildung . . . . 15 500.— Fr.
XIII. Für Förderung der Mäßigkeit und für Bekämpfung des Alkoholismus im allgemeinen . . . . 46 581.70 Fr.

Total der Beiträge (seit der letzten Hauptverteilung vom 12. Juli 1924) . . . . 107 000.— Fr.

2. Das „Weinsteuer-Drittel".

Richtlinien des Reichsministeriums für Ernährung und Landwirtschaft von 1926 über die Hinausgabe der Hypothekarkredite aus dem Weinsteuer-Drittel.

1. Aus den Überweisungen aus der Weinsteuer sollen den Winzern Darlehen gegen hypothekarische Sicherheit zur Aufrechterhaltung und Fortführung ihrer Betriebe zugewendet werden.

Der Schuldner ist berechtigt, das Darlehen jederzeit zurückzuzahlen. Von seiten der Darlehnsgeberin ist das Darlehen unkündbar. Sie kann jedoch die sofortige Rückzahlung desselben oder eines Teilbetrages in bar in folgenden Fällen verlangen:

a) wenn der Darlehnsnehmer mit einer ihm obliegenden Leistung länger als zwei Wochen ganz oder teilweise im Rückstande bleibt, oder wenn die Gültigkeit oder der Rang der für das Darlehen bestellten Hypothek bestritten wird;

II. Beispiele für die Sicherung des Verwendungszwecks.

b) wenn der Darlehnsnehmer in Konkurs gerät, unter Geschäftsaufsicht gestellt wird, die Zahlungen einstellt, oder der zur Sicherheit für das Darlehen verpfändete Grundbesitz ganz oder teilweise unter Zwangsversteigerung oder Zwangsverwaltung gestellt wird,

c) wenn der verpfändete Grundbesitz ganz oder teilweise veräußert, mit einem Nießbrauch belastet oder verpachtet wird, ohne daß wegen Regelung der Verpflichtungen aus dem Darlehen ein Abkommen mit der Darlehnsgeberin getroffen ist, oder der verpfändete Grundbesitz ohne Zustimmung der Darlehnsgeberin geteilt wird, es sei denn, daß bei der Abveräußerung von Teilen deren Unschädlichkeit für die Beteiligten nach Maßgabe der Landesgesetze von der zuständigen Behörde festgestellt wird;

d) wenn nach Ansicht der Darlehnsgeberin eine Verschlechterung des verpfändeten Grundbesitzes oder der mithaftenden Gegenstände eintritt, durch die die Sicherheit der Hypothek gefährdet wird.

Das Darlehen ist vom 1. Juli 1927 ab mit 2% jährlich zu verzinsen und mit 2% jährlich unter Zuwachs der ersparten Zinsen zu tilgen. Außerdem ist vom 1. Juli 1927 ab ein Verwaltungskostenbeitrag von jährlich 1/2% der ursprünglichen Darlehnsumme zu zahlen. Verwaltungskostenbeitrag, Zinsen und Tilgungsraten sind halbjährlich postnumerando am 31. Dezember und 30. Juni jeden Jahres zu bezahlen. Für die Zeit bis zum 1. Juli 1927 ist ein Verwaltungskostenbeitrag von 1% zu bezahlen, den das Kreditinstitut bei der Auszahlung des Darlehns an die Winzer abziehen kann.

Die Beleihung hat innerhalb der ersten 50% des berichtigten Wehrbeitragswertes zu erfolgen. Ergibt sich für ein Kreditinstitut nach den für dasselbe maßgebenden gesetzlichen oder satzungsmäßigen Beleihungsbestimmungen ein Grundbesitzwert von nicht mehr als 15 000 Mark, so kann das Kreditinstitut die Beleihung bis zu 50% des auf Grund amtlicher Schätzung festgestellten Wertes vornehmen, ohne an die sich aus dem berichtigten Wehrbeitragswert ergebende Grenze gebunden zu sein. Letzteres gilt auch für diejenigen Grundstücke, für welche ein Wehrbeitragswert nicht festgesetzt ist.

Besonders zu berücksichtigen sind diejenigen Weinbautreibenden, welche mit laufenden Verbindlichkeiten belastet sind und die Hypothekarkredite zur Abtragung dieser laufenden Verbindlichkeiten verwenden. Unter gleichen Verhältnissen verdienen solche den Vorzug, welche neben dem Weinbau über keine oder nur geringfügige Einkommensquellen verfügen. Für die Bemessung der Anteile der einzelnen an den Krediten kommt nur der Besitz an in Kultur befindlichen Weinbergen in Betracht; sonstige landwirtschaftliche Grundstücke oder verlassene Weinberge sind — außer bei der Beurteilung der Frage der Sicherheit — nicht zu berücksichtigen.

2. Die Darlehen werden an die am Weinbau beteiligten Länder nach Maßgabe der Weinbaufläche mit der Auflage verteilt, sie durch Vermittlung der Landesbanken oder sonstiger geeigneter Kreditinstitute an die Winzer hinauszugeben. Die Länder werden für die sorgfältige Auswahl der Kreditinstitute und deren Überwachung Sorge tragen. Die Länder erlassen nach vorheriger Anhörung der Organisationen des Weinbaues nähere Richtlinien für

die Unterverteilung, deren Beachtung den Kreditinstituten zur Pflicht zu machen ist.

Die Kreditinstitute haften für die bestimmungsmäßige Verzinsung und Rückzahlung der von ihnen hinausgegebenen Darlehen. Die Länder sind ermächtigt, im Namen der Reichsregierung Ausfälle, die sich ohne Verschulden der Kreditinstitute ergeben, bis zur Gesamthöhe von 1/4 des dem betreffenden Kreditinstitut zur Hinausgabe an die Winzer überwiesenen Gesamtbetrages zu erlassen.

3. Die Länder werden für die halbjährliche Abführung der Zinsen und Tilgungsbeträge an die Reichshauptkasse für Rechnung des Reichsministeriums für Ernährung und Landwirtschaft in einem Betrage innerhalb spätestens sechs Wochen nach Fälligkeit Sorge tragen. Es ist beabsichtigt, solange ein Bedürfnis hierfür besteht, die eingegangenen Zinsen und Tilgungsbeträge wieder im Benehmen mit den Ländern im Interesse des Weinbaues zu verwenden. Während der Durchführung der Kreditaktion teilen die Länder dem Reichsministerium für Ernährung und Landwirtschaft vierteljährlich, erstmalig am 1. Juli 1926, die Zahl der Darlehnsanträge, der erfolgten Bewilligungen und der durchschnittlichen Höhe derselben mit.

[NB. Diese Richtlinien sind später dahin geändert worden, daß die Gewährung von Darlehen seitens der Länder zinslos erfolgte. Diese Darlehen sind ab 1. Januar 1931 bis einschließlich 1. Januar 1935 in fünf gleichen, jeweils am 1. Januar fälligen Jahresraten zurückzuzahlen.]

3. Die „preußische Hauszinssteuer".

A. Richtlinien für die Verwendung des für die Neubautätigkeit bestimmten Anteils am Hauszinssteuer-Aufkommen[1].

(§ 11 Abs. 1 der Preußischen Steuernotverordnung vom 1. April 1924, Gesetzsamml. S. 191 in der Fassung der Dritten Preußischen Steuernotverordnung vom 28. März 1925, Gesetzsamml. S. 42.)

I. Allgemeines.

1. Die für die Neubautätigkeit vorgesehenen öffentlichen Mittel sind bestimmt zur Gewährung von Hypotheken (Hauszinssteuer-Hypotheken) auf Wohnungsbauten, die im Jahre 1925 errichtet werden; die Gewährung von Hauszinssteuer-Hypotheken an Ausländer ist nicht zulässig.

2. Hauszinssteuer-Hypotheken sind nur für Wohnungen zu gewähren, die nach Größe, Anordnung, Raumzahl, Raumhöhe und Ausstattung die notwendigsten Anforderungen nicht überschreiten.

In allen Fällen müssen die zu beleihenden Wohnungen den Anforderungen entsprechen, die an gesunde, zweckmäßig eingeteilte und solide gebaute Dauerwohnungen zu stellen sind.

3. Durch Gewährung von Hauszinssteuer-Hypotheken sollen in erster Linie gefördert werden:

---

[1] Vgl. Karl Stephan, Das kommunale Finanz- und Steuerrecht in Preußen. Berlin 1926. S. 337 ff.

II. Beispiele für die Sicherung des Verwendungszwecks.

a) Bauten, bei denen die nach den örtlichen Verhältnissen wirtschaftlichste Bauweise zur Anwendung gelangt;

b) Bauten, die an fertigen Straßen ausgeführt werden oder, soweit dies nicht möglich ist, an Straßen, deren Straßenbaukosten auf ein Mindestmaß eingeschränkt sind.

Bevorzugt zu berücksichtigen sind dabei Ein= und Zweifamilienhäuser mit Gartenland, besonders dann, wenn sie in zusammenhängenden Siedlungen errichtet oder als „Reichsheimstätte" ausgegeben werden.

4. Für Behelfs= und Notwohnungen sowie für Werkwohnungen werden Hauszinssteuer=Hypotheken nicht gewährt; ebenso nicht für Landarbeiter= wohnungen, zu deren Förderung anderweit öffentliche Mittel zur Verfügung stehen.

Behelfswohnungen im Sinne dieser Vorschriften sind Wohnungen in Bauten, die nach der Art ihres technischen Aufbaues voraussichtlich einen Bestand von weniger als 30 Jahren haben; Notwohnungen sind Wohnungen, die durch Ausbau oder Umbau vorhandener Baulichkeiten vorübergehend zu Wohnzwecken nutzbar gemacht werden und den baupolizeilichen Bestimmungen nicht genügen.

Hiernach sind unter Behelfs= oder Notwohnungen im Sinne dieser Vorschriften nicht zu verstehen:

a) solche Bauten aus Holz, Fachwerk oder Ersatzbaustoffen;

b) solche Wohnungen, die durch Ausbau vorhandener Räume (Läden und dergleichen) oder durch Einbauten in vorhandenen Häusern gewonnen werden, die (a und b) eine Bestandsdauer von mindestens 30 Jahren haben und den bestehenden baupolizeilichen Bestimmungen genügen.

Als Werkswohnungen gelten Wohnungen, die Arbeitgeber sich für ihre Arbeiter und Angestellten errichten, insbesondere solche, die von Arbeit= gebern auf eigenem Gelände errichtet werden und in ihrem Eigentum verbleiben.

Nicht als Werkwohnungen gelten Wohnungen gemeinnütziger Bauvereine, die von Arbeitgebern und Arbeitnehmern aus verschiedenen Unternehmungen und unter Hinzuziehung Nichtwerkangehöriger oder der Gemeinde errichtet werden. Die Gewährung von Hauszinssteuer=Hypotheken an solche Vereinigungen ist jedoch davon abhängig zu machen, daß die Werke, denen die Wohnungen nach ihrer Lage in erster Linie zugute kommen, sich an der Aufbringung der ungedeckten Herstellungskosten der Wohnungen angemessen beteiligen.

5. Bei Vergebung der Hauszinssteuer=Hypotheken sind kinderreiche Familien und Schwerkriegsbeschädigte — insbesondere Kriegsblinde — vorzugs= weise zu berücksichtigen.

II. Besondere Bestimmungen.

6. Die Höhe der Hauszinssteuer=Hypotheken soll 3000 RM je Wohnung nicht übersteigen. In besonderen Fällen kann die Hypothek bis auf 5000 RM er= höht werden. In keinem Falle aber darf die Hauszinssteuer=Hypothek $2/3$

des vollen Bauwertes des Hauses mit Ausschluß des Grund und Bodens (66²/₃ v. H. des Bauwertes) oder 60 v. H. des Wertes des Hauses mit Einschluß des Grund und Bodens (60 v. H. des Bau- und Bodenwertes) übersteigen.

Aus dem ihnen zum Zwecke der Förderung der Neubautätigkeit nach § 11 der Verordnung vom 1. April 1924 in der Fassung der Dritten Preußischen Steuernotverordnung vom 28. März 1925 (GS. S. 42) zu Gebote stehenden Anteile am Hauszinssteuer-Aufkommen haben die Gemeinden und Gemeindeverbände im laufenden Jahre wenigstens soviel Wohnungsbauten zu finanzieren, als bei Zugrundelegung eines Durchschnittsbetrages von 4000 RM je Hypothek erreichbar ist.

Für Gemeinden und Gemeindeverbände, in denen die Höhe der Baukosten das Durchschnittsmaß wesentlich übersteigt, können die für die Bemessung des Hypothekenbetrages in Abs. 1 und 2 vorgesehenen Höchst- und Durchschnittssätze erhöht werden. Zuständig für die Entscheidung dahingehender Anträge ist der Regierungspräsident, für Berlin der Oberpräsident, für das Gebiet des Ruhrkohlenbezirks der Verbandspräsident. Abs. 1 letzter Satz und Abs. 2 haben hierbei entsprechende Anwendung zu finden.

7. Die Hauszinssteuer-Hypothek ist mit 3 v. H. zu verzinsen und mit 1 v. H. jährlich — unter Zuwachs der ersparten Zinsen — zu tilgen. Die Zinsen sind im Wege des Nachlasses bis auf 1 v. H. herabzusetzen, insoweit und solange sich unter Berücksichtigung der Gesamtbelastung eine höhere Miete ergeben würde als für entsprechende, vor dem 1. Juli 1914 errichtete Wohnungen zu zahlen ist. Von der Tilgung ist für die ersten zwei Jahre abzusehen. Die Zins- und Tilgungsbeträge sind am 1. April und 1. Oktober jeden Jahres nachträglich an die vom Hypothekengeber näher zu bezeichnende Stelle zu zahlen. Besondere Gebühren (Provisionen usw.) sind aus Anlaß der Hypothekenbewilligung und Auszahlung nicht zu erheben.

8. Rückfließende Hypotheken sowie eingehende Tilgungsbeträge und Zinsen — letztere, soweit sie nicht durch Verwaltungskosten aufgebracht werden, die durch Bewilligung und Verwaltung der Hauszinssteuer-Hypotheken entstehen — sind einem Wohnungsbaufonds zuzuführen, dessen weitere Verwendung nur nach Maßgabe dieser Bestimmungen zulässig ist.

Auf Antrag ist der Regierungspräsident (für Berlin der Oberpräsident, für das Gebiet des Ruhrkohlenbezirkes der Verbandspräsident) berechtigt, die Verwendung der zurückgeflossenen Beträge oder eines Teiles derselben zur Sicherung von Bürgschaften und zur Gewährung von Zinszuschüssen für solche Hypotheken zu gestatten, die neben der Hauszinssteuer-Hypothek zur Finanzierung von Wohnungsbauten auf dem privaten Geldmarkte aufgenommen werden müssen.

9. Im Falle der Gewährung einer Hauszinssteuer-Hypothek sind für die Dauer der Belastung geeignete Maßnahmen gegen eine spekulative Verwertung der Wohnungsbauten zu treffen (zum Beispiel Eintragung eines durch Vormerkung gesicherten Ankaufs- oder Wiederkaufrechtes). Von einer Eintragung dieser dinglichen Sicherung kann abgesehen werden, wenn dem

II. Beispiele für die Sicherung des Verwendungszwecks.

Grundstück die Eigenschaft als „Reichsheimstätte" (Gesetz vom 10. Mai 1920 — RGBl. 1, S. 962 —) verliehen ist, oder wenn die im Verhältnis zu den Bau- und Grundstückskosten nur geringe Höhe der bewilligten Hauszinssteuer-Hypothek die Kosten der Eintragung der dinglichen Sicherung nicht gerechtfertigt erscheinen läßt, in jedem Falle aber dann, wenn die bewilligte Hauszinssteuer-Hypothek weniger als $1/10$ der gesamten Bau- und Grundstückskosten beträgt.

Der Bauherr kann sich mit Genehmigung des Hypothekengebers durch freiwillige Rückzahlung der Hauszinssteuer-Hypothek nebst mindestens 6 v. H. Zinsen vom Tage der Auszahlung ab von sämtlichen Verpflichtungen, also auch von der dinglichen Sicherung befreien.

10. Die Eintragung der Hauszinssteuer-Hypothek in das Grundbuch hat auf Goldbasis nach den jeweils geltenden gesetzlichen Bestimmungen zu erfolgen.

11. Die Hypothek ist, abgesehen von den Fällen unter Ziffer 12, von seiten des Hypothekengebers unkündbar.

12. Die Hauszinssteuer-Hypothek ist einschließlich einer Verzinsung von 12 v. H. vom Tage der Auszahlung ab, auf Verlangen des Hypothekengebers sofort zur Rückzahlung fällig, wenn ohne seine Zustimmung:

a) das Gebäude nicht den Antragsunterlagen entsprechend ausgeführt und genutzt wird,

b) der Schuldner seinen sonstigen Verpflichtungen nicht nachkommt und

c) das Grundstück veräußert wird.

III. Verfahren.

13. Anträge auf Gewährung von Hauszinssteuer-Hypotheken sind an den Gemeindevorstand, bei Bauvorhaben in Gemeinden, denen die selbständige Verwendung des für die Neubautätigkeit bestimmten Anteils am Hauszinssteuer-Aufkommen nicht übertragen ist, an den Landrat (Vorsitzenden des Kreisausschusses) zu richten. Bei Bauvorhaben, die von einer provinziellen Wohnungsfürsorge-Gesellschaft betreut werden, kann der Antrag auch an diese gerichtet werden.

In dem Antrage hat der Bauherr nachzuweisen, daß er allein oder mit rechtsverbindlich gesicherter Unterstützung Dritter in der Lage ist, die durch die Hauszinssteuer-Hypothek nicht gedeckten Baukosten zu tragen. Dabei ist gegebenenfalls zu erörtern, ob und in welcher Höhe Arbeitgeber, deren Arbeitern und Angestellten die Wohnungen nach ihrer Lage voraussichtlich zugute kommen werden, sich mit Leistungen an Bauland, Baustoffen oder in bar an der Herstellung der Wohnungen beteiligen werden, und wie diese Beteiligung gesichert ist.

Die Anträge sind in übersichtlicher Form aufzustellen.

14. Auf die bewilligten Hypotheken können, soweit die flüssigen Mittel dazu ausreichen, Vorschüsse (Zwischenkredite) nach Maßgabe des Standes der Bauausführung gewährt werden. Die Auszahlungsanträge sind zu richten

an die Gemeinde (Gemeindeverband), welche die Hypothek bewilligt hat, gegebenenfalls auch an die provinzielle Wohnungsfürsorge-Gesellschaft, welche das Bauvorhaben betreut.

15. Die Eintragung der Hypothek erfolgt zugunsten der Gemeinde oder des Gemeindeverbandes. Die Hypothek ist an bereitester Stelle einzutragen; im ungünstigsten Falle darf ihr im Range eine Belastung in Höhe der reinen Baukosten oder im Ausnahmefalle in Höhe von 90 v. H. des Wertes des bebauten Grundstücks — vermindert um den Betrag der Hauszinssteuer-Hypothek — vorangehen.

16. Der Regierungspräsident (für Berlin der Oberpräsident, für das Gebiet des Ruhrkohlenbezirks der Verbandspräsident) hat die Beachtung dieser Richtlinien zu überwachen. Bei Bauvorhaben in Gemeinden und Gemeindeverbänden, in denen die Prüfung der Anträge der wohnungstechnischen Seite hin nicht hinreichend gewährleistet ist, ist der Regierungspräsident berechtigt, die Vorlage der Antragsunterlagen zu verlangen und gegebenenfalls gegen die Beleihung Einspruch zu erheben.

Berlin, den 22. April 1925.

Der Minister für Volkswohlfahrt.   Der Finanzminister.

Printed by Libri Plureos GmbH
in Hamburg, Germany